ÉTUDE

DE LA

LANGUE TAÏ

PRÉCÉDÉE

D'UNE NOTICE SUR LES RACES DES HAUTES RÉGIONS DU TONKIN

COMPRENANT

Grammaire, Méthode d'écriture Taï et Vocabulaires

PAR

EDOUARD DIGUET

Capitaine d'Infanterie de Marine

HANOI

F. H. SCHNEIDER, IMPRIMEUR-ÉDITEUR

1895

ÉTUDE DE LA LANGUE TAÏ

DU MÊME AUTEUR

Grammaire annamite. — Imprimerie Nationale, Paris. 1892.
Méthode d'enseignement mutuel franco-annamite. F.-H. Schneider. Hanoi. 1894.

ÉTUDE

DE LA

LANGUE TAÏ

PRÉCÉDÉE

D'UNE NOTICE SUR LES RACES DES HAUTES RÉGIONS DU TONKIN

COMPRENANT

Grammaire, Méthode d'écriture Taï et Vocabulaires

PAR

Edouard DIGUET

Capitaine d'Infanterie de Marine

HANOI

F.-H. SCHNEIDER, IMPRIMEUR-ÉDITEUR

1895

[illegible]

AVANT-PROPOS

Étude de la langue Taï..... *Taï :* voilà un mot que beaucoup de personnes accueilleront d'un haussement d'épaules, tandis que les mots *laotienne* ou *siamoise* auraient éveillé leur attention. Quel est donc cette langue dont on n'a jamais entendu parler? Ce doit être quelque misérable patois déniché par un original au fond d'une île inconnue. Non, la langue taï est bien une langue. Elle s'appelle la langue siamoise à Ban-kok et la langue laotienne à Louang-Prabang. Ses accents traînants retentissent le long des rives de la Mei-nam, du Meï-kong et de la Rivière Noire, depuis la frontière Nord du Cambodge jusqu'à la frontière Sud de la Chine. On la parle encore à Cao-bang, à Lang-scune et à Mon-cay. Quelques personnes soutiendront qu'il y a une langue siamoise, une langue laotienne et une langue taï. Elles auront relevé quelques centaines de mots pali qui sont venus au Siam se mélanger avec la langue taï, ou bien quelques consonnes ou voyelles qui sont remplacées par d'autres, comme l'*r* siamois qui se transforme en *h* en laotien et en taï tonkinois, le *k* à la fin de certains mots siamois et laotiens, remplacé en taï noir par un arrêt brusque de la voix sur la voyelle. Mais, a-t-on jamais songé à dire qu'il y a trois langues annamites, sous prétexte qu'à Saigon, à Hué et à Hanoi, on a relevé quelques mots différents et quelques variations dans l'intonation? Non, une langue qui est parlée sur un espace de dix degrés de longitude, ne peut pas prétendre à une fixité rigide et mathématique. Sur ce long parcours elle fait des emprunts aux langues voisines et c'est ainsi que la langue taï siamoise, nous l'avons dit, contient quelques mots pali et que la langue taï du Tonkin s'est assimilé quelques mots annamites.

S'il n'y a qu'une seule langue taï parlée, il faut reconnaître que la langue écrite varie suivant les pays. On se sert au Siam, au Laos et au Tonkin de caractères dont la forme est absolument différente, et au Tonkin même les caractères taïs blancs et taïs noirs sont distincts, quoique se ressemblant beaucoup. Il n'en est pas moins vrai que dans toutes ces langues la structure de la langue écrite est semblable, c'est-à-dire que si les *tôs* (consonnes) et les *mails* (voyelles) n'ont pas la même forme, la façon de les placer suivant certaines règles est absolument la même. En un mot, pour passer d'une langue écrite à une autre, il suffira d'apprendre par cœur quarante à cinquante nouveaux signes.

Le modeste ouvrage que nous avons l'honneur de présenter au lecteur se compose de cinq parties :

La 1re partie se compose d'une notice sur les différentes races des hautes régions du Tonkin ;

La 2e partie comprend les Eléments de grammaire taï, où chaque règle est suivie d'exercices dont les phrases, très simples, ne contiennent que des mots usuels ;

La 3e partie traite de l'Etude de l'écriture des taïs noirs ;

La 4e partie est un vocabulaire français-taï ,

La 5e partie, un vocabulaire taï-français.

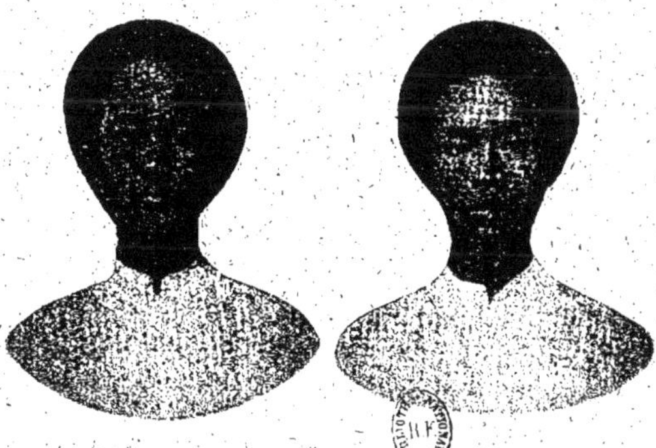

Back Kamme Oune   Back Kamme Pièng

Deux jeunes taïs de la famille des seigneurs de Thouenne Tchaò.

(D'après une photographie de l'Imprimerie Schneider)

PREMIÈRE PARTIE

NOTICE SUR LES RACES DES HAUTES RÉGIONS DU TONKIN

CHAPITRE PREMIER

DE LA RACE TAÏ

§ 1er. — *Des qualités morales du Taï*

Il fut un temps, qui n'est pas loin, où rares étaient ceux qui connaissaient les Taïs autrement que de nom.

« Quand vous quitterez les pays annamites pour la haute région, me disaient les initiés, votre surprise sera complète. Au lieu de ces villages grouillants du Delta où court une foule bruyante et affairée ce seront les calmes mucungs de la montagne. Là, pas de bruit, peu de monde. Au lieu de cet indigène, trop souvent à la recherche d'un méfait à commettre, vous trouverez le montagnard honnête, simple et bon. Vous serez bien agréablement surpris. C'est l'Ecosse chevaleresque, hopitalière et honnête. On y dort la porte ouverte, sous la sauvegarde de l'hôte. »

Hélas ! il m'a fallu, comme à tant d'autres, en rebattre un peu. Le Taï est un homme comme les autres ; mais si l'essence est la même, il faut avouer que le degré de perversion est moindre.

Le Taï est assurément moins finassier dans ses mensonges, moins retors dans ses procès que son voisin de la plaine, mais c'est qu'il a des moyens moins perfectionnés que les siens, une intelligence plus bornée ; un exemple :

Un jour, le maire de Nghĩa-lộ, jeune homme fort bien apparenté, vient me trouver pour me présenter négligemment un paysan qui voulait me vendre un cheval.

La bête était, ma foi, de très belle apparence et après quelques pourparlers — auxquels le maire affectait de ne se point mêler — le marché fut conclu pour 35 $.

Trois jours après, allant à Tou Lê, j'avais justement ce jeune homme pour compagnon de route. Une heure se passe. Le cheval boite un peu, je lui donne pour cavalier un indigène moins lourd que moi ; mais mon animal refuse ses services, alors le maire : « Cela n'a rien d'étonnant, il ne veut obéir qu'à des mandarins ou à des gens de race notable. » Le cheval dut continuer sans cavalier. Le soir tout me fut dévoilé. Mon beau coursier avait une tare et depuis huit ans, au su de tous, il n'avait jamais été employé qu'à tondre la plaine, on me l'avait amené bien pomponné, bien maquillé — Il fallait de l'argent pour le Tet — et le tour était joué.

1

Le complice eut quatorze piastres et moi je gardais mon Rossinante; qui se fût méfié à ma place?

C'est égal, voilà une légende bien compromise. Des maquignons chez les Taïs : qui l'eût cru ?

Ce qui caractérise le taï, c'est son indolence naturelle, son insouciance du lendemain, son ignorance voulue de tout ce qui lui est étranger, son éloignement instinctif pour tout ce qui constituerait un progrès. Il se laisse aller à la bonne loi naturelle. Doux et sentimental, accueillant aux étrangers, il vit comme ont vécu ses ancêtres et croirait manquer à leur mémoire s'il modifiait quoique ce soit aux conditions de son existence.

J'ai dit qu'il est sentimental : par les belles nuits étoilées, on voit les jeunes gens du village se promener par les chemins en jouant de la flûte. Les sons plaintifs et langoureux qu'ils en tirent, ne sont pas seulement destinés à s'envoler vers le ciel et il n'est pas rare de voir le jeune virtuose s'arrêter sous une terrasse en bambous, pour laquelle il semble donner sa sérénade. Bientôt, une jeune fille a entrouvert la porte. Son oreille ne l'a pas trompée. C'est son bien-aimé qui l'attend. Elle descend, en rougissant de plaisir, les gradins de la petite échelle en bambous et les voilà partis, se tenant par la main comme les petits enfants. Laissons-les aller dans le sentier verdoyant et ne soyons pas plus sévères que les parents qui les ont fiancés. Dans trois ans, la famille se réunira pour la noce, la basse-cour sera mise à contribution et si la famille est riche, on immolera un buffle. Le vin de riz coulera à flots et plus d'une vieille matrone rentrera chez elle avec son turban de travers. Peut-être les amoureux trop passionnés n'ont-ils pas attendu pour s'aimer la signature du contrat? L'union n'en sera pas moins bénie par les parents et le marmot trop tôt venu aura sa place au festin.

Quant au côté chevaleresque du caractère nous l'avons vainement cherché chez le Taï. Comme soldat, il est fort obéissant (c'est l'essence de son caractère) mais le service lui pèse. Cependant il a maintes fois fait bonne figure devant les bandes chinoises et commence à rengager.

En résumé, il est bon, sentimental, aussi honnête que peut l'être un oriental; mais malheureusement indolent.

§ 2. — *De l'indifférence des Taïs pour l'instruction de leurs enfants.*

Dans les villages annamites, il n'est pas rare de voir une dizaine d'écoles où les enfants vont apprendre les caractères chinois sous la direction de graves vieillards, auxquels leur fonction d'instruire la jeunesse donne droit au respect de tous. On apprend aux enfants qu'ils doivent à leur maître d'école, qui est leur père spirituel, autant de respect qu'à leur propre père. L'instruction est si en honneur chez le peuple annamite, que, dans les villages les plus éloignés des centres, tous ceux que la pauvreté de leurs parents n'a pas forcé à travailler trop jeunes, connaissent quelques caractères. Elle est d'ailleurs presque gratuite, car quelques modestes cadeaux en nature, destinés à l'entretien du maître, suffisent à en payer le prix.

Dans les villages taïs, au contraire, nous n'avons presque jamais vu d'école ; un de nos amis nous racontait qu'à son arrivée à Nghĩa-lộ, au mois de mai 1893, une école de caractères fonctionnait pour les fils de notables. Quelques mois après, surpris de ne plus entendre leurs jeunes voix chanter des litanies de caractères, il demanda au quan-tchaô si c'était l'époque des vacances, se félicitant intérieurement de n'avoir pas les oreilles cassés pendant quelques mois. Le quan-tchaô lui répondit, avec son flegme habituel, que le maître d'école étant parti pour une raison personnelle, l'école était fermée jusqu'à ce qu'un autre se présentât. Il ne semblait d'ailleurs attacher aucune importance à cette affaire, quoique son propre fils fût ainsi menacé d'être privé d'instruction. Mon ami saisit la balle au bond et lui fit observer que dans les pays taïs, qui ont déjà leur écriture, il valait mieux apprende aux enfants des notables, appelés à avoir plus tard des relations avec les chefs de poste français, la langue française que les caractères chinois. Peu de temps après l'école communale de Nghĭa-lô était ouverte avec un sous-officier choisi comme directeur, assisté d'un interprète annamite et d'un interprète taï. Bientôt ce fut le tour de celle de Dai-lic et enfin celle de Tou Lê. Au bout d'un an, les deux premières ont formé chacune une dizaine d'élèves, qui ne craindraient pas la comparaison avec de petits Français au bout du même temps d'études. Ce résultat peut être obtenu dans tous les postes où l'on a des sous-officiers intelligents, zélés et patients, c'est-à-dire partout.

Qu'on nous permette une digression sur ce sujet si intéressant des écoles. Nous avons vu plusieurs écoles installées par des administrateurs qui avaient compris toute l'importance de l'instruction mais qui n'y voyaient pas un moyen de pénétration pour l'influence française au Tonkin. On y enseignait les caractères chinois et le quôc ngữ, concurremment avec le français.

L'enseignement des caractères est discutable. On peut, en effet, pour le défendre, faire valoir la raison que l'indigène qui ne les connaît pas n'est jamais regardé comme un lettré et ne peut aspirer au mandarinat. Voilà qui est parfait pour ceux qui veulent être mandarins; mais ceux qui n'ont pas cet espoir sont légion et c'est à eux qu'il faudrait ouvrir des écoles françaises sans en exclure les autres qui pourraient venir dans nos écoles après avoir appris les caractères chinois avec le vieux maître d'école de leur village et qui, peut-être, pourraient réunir en un seul homme le lettré et l'interprète. (Avantage inestimable qui supprimerait un rouage si gênant de notre administration). Et si, dans un avenir qu'on peut entrevoir, nous pouvions substituer notre langue à celle du pays, nos protégés, soustraits à l'influence de la Chine et de ses caractères, deviendraient de vrais Français.

Quant à l'enseignement du quôc ngữ, je ne vois aucune raison qui puisse militer en sa faveur dans ces écoles, que j'appellerai, si l'on veut, *écoles de pénétration*. Outre que c'est une perte de temps, il ne peut que fausser les idées de l'élève puisque les mêmes syllabes ne s'écrivent pas de la même manière en français et en quôc ngữ.

Pour terminer cette longue digression, rappelons-nous qu'*il ne faut pas courir deux lièvres à la fois* et n'enseignons que le français à ceux dont nous voulons faire de petits Français.

§ 3. — *Des qualités physiques*

Les officiers, que leur métier de médecin d'occasion expose à voir quelquefois leurs tirailleurs dans le plus simple appareil, savent que le Taï est beaucoup plus sain que l'Annamite. Son corps n'est pas, comme celui de ce dernier, couturé dans tous les sens et parsemé de ces taches livides qui sont les traces presque indélébiles de la plaie dite annamite, de ces dartres, exzémas et autres affections qui révèlent un sang profondément vicié. Le Taï est plus grand et plus robuste; sa poitrine est plus large et ses jarrets plus vigoureux. En un mot, c'est un plus beau soldat et sa résistance aux fatigues d'une campagne est beaucoup plus grande.

C'est surtout au passage des torrents que sa supériorité physique se révèle. Alors que l'Annamite, armé d'un bâton et s'appuyant sur un camarade, s'avance en trébuchant sur les pierres glissantes, les yeux hagards fixés sur la rive opposée comme sur la terre promise, le Taï, lui, se tient au plus fort du courant, à son aise. Il tend la main aux plus faibles et les guide quelques pas pour revenir en chercher d'autres. Quelquefois entraîné lui-même par un maladroit, il se remet d'aplomb comme par un miracle d'agilité en s'accrochant à quelque rocher et revient faire son métier de sauveteur infatigable.

Les piroguiers de la rivière Noire ont souvent aussi excité l'admiration de nos compatriotes par l'habileté qu'ils montrent au passage des nombreux rapides qu'on y rencontre. On sait que ce cours d'eau se compose d'une série de biefs séparés par des seuils rocheux, sur lesquels la pente est tellement forte que l'eau s'y écoule avec une très grande rapidité. Quelques-uns de ces rapides sont assez dangereux à passer dans la saison des pluies, surtout aux premières crues, alors que la rivière charrie tous les troncs d'arbres qui ont été accumulés sur ses bords pendant la saison sèche. Entre ces rapides le courant est très fort, mais assez régulier pour que les rameurs n'aient aucun effort à faire. Ils se contentent, par quelques coups de rames nonchalants, de maintenir leur pirogue dans la direction. Mais on entend déjà gronder la voix du prochain rapide. Une ligne d'écume blanche se dessine au loin. Bientôt le bateau glisse sur une pente liquide comme attiré vers un abîme. Les piroguiers attentifs ont déjà augmenté leur allure et le rythme cadencé des rames s'active de plus en plus, jusqu'au moment où le bateau entre dans le rapide. Ce sont des tourbillons qui se creusent au millieu des rochers et si le bateau se laisse emporter dans leur cercle fatal, il est perdu. Aussi faut-il voir avec quelle énergie les rameurs le maintiennent dans sa direction en augmentant sa vitesse? Ce sont de gros troncs d'arbres qui se précipitent vers lui comme pour l'écraser. Mais le patron de la pirogue est debout à l'arrière, sa rame à la main et le gouvernail entre les jambes. D'une adroite poussée du pied sur la barre il a changé la direction et le tronc d'arbre est passé derrière sans toucher la frêle embarcation. Pendant plusieurs minutes tous ces hommes luttent de toutes leurs forces et de toute leur attention contre des dangers toujours renaissants. Tout à coup, le bruit assourdissant a cessé, le bateau glisse sur une nappe d'eau tranquille et les piroguiers, qui se démenaient comme des forcenés, ont repris leur attitude paisible et leur cadence berceuse. Le rapide est passé.

§ 4. — *De la femme taï*

Jusqu'à l'âge de dix-huit ou vingt ans, la jeune fille taï conserve une certaine grâce. Les vives couleurs qui animent ses joues, la profondeur de ses yeux noirs et l'opulence de ses formes lui donnent la supériorité sur la jeune annamite.

Son costume est aussi beaucoup plus élégant; au lieu de cette longue lévite noire que porte la femme annamite, au-dessus d'un pantalon de même couleur que laisse voir deux fentes laissées sur le côté, la femme taï porte un petit veston breton en toile bleue marine et un jupon de même étoffe. Le veston s'arrête presque toujours assez haut pour laisser voir un peu de chair à la ceinture. Il est agrafé au milieu et le plastron est orné de brandebourgs en argent pour les grandes fêtes. Le chignon est porté très haut sur le côté gauche de la tête, une fleurette y est crânement plantée, cette coiffure donne à la jeune fille un

Femmes Taïs. — Grand'mère, mère et femme du sœur de Hicou Traille (près Van-bou).
D'après une photographie de M. Véron, lieutenant d'Infanterie de marine.

petit air mutin qui n'est pas sans charme. Elle ne la porte que du jour où elle est fiancée. Jusque-là elle porte le chignon bas derrière la nuque. En un mot, on peut dire que la jeune fille taï a la beauté du diable de nos paysannes.

Hélas ! elle dure ce que durent les roses ! Le labeur quotidien auquel sont soumises ces pauvres femmes a bien vite raison de ces charmes passagers. La taille s'épaissit, les attaches perdent leur finesse et les traits même du visage n'ont plus la même douceur.

Tous les matins, les femmes du village se réunissent en un endroit convenu et partent en une longue théorie pour aller chercher du bois dans la montagne. Tous les âges sont représentés dans cette caravane, depuis la vieille grand'mère à la figure parcheminée jusqu'à la petite-fille aux membres graciles; quelques heures après on les voit revenir en bavardant, sans se retourner, portant sur l'épaule un morceau de bois servant de fléau, aux deux bouts duquel sont fixées les charges de bois réunies en faisceaux verticaux.

Le soir les femmes, même d'un rang élevé, vont au ruiseau chercher la provision d'eau. Le seau dont elles se servent n'est pas d'une confection bien compliquée. Il est fait d'un morceau de bambou de 10 à 12 centimètres de diamètre. On attache deux de ces seaux à chaque extrémité d'un bâton que l'on place sur l'épaule pour porter la charge d'eau. Quelquefois aussi, on va chercher de l'eau dans des carafes qui ne sont autre chose que de grosses courges évidées.

C'est aussi la femme qui donne à manger aux animaux de la basse-cour, et tous, aussi loin qu'ils soient, accourent à leur appel particulier. Le cochon est toujours fidèle au cri de « A hi! » chanté sur une note basse et une note haute et répété jusqu'à ce que le troupeau soit au complet autour de l'auge. C'est un tronc d'arbre creusé d'une rigole dans sa longueur. On y verse un mélange d'eau et de maïs, de son ou de paddy, ou encore d'une bouillie faite d'une certaine espèce de plante grasse.

Ce cri de « a hi! » est employé aussi par les Chinois, les Maios et les Manes quand ils conduisent des porcs d'un point à un autre. On est quelquefois surpris de l'entendre rompre le silence de la forêt, lorsqu'au détour du sentier on se trouve en présence d'un ou deux indigènes conduisant leur petit troupeau toujours récalcitrant. Ces gens pleins de patience, font quelquefois plusieurs journées de marche dans cet équipage et lorsqu'ils sont surpris par la nuit, ou que leurs élèves trop fatigués refusent d'aller plus loin, ils s'arrêtent et dressent le camp. Une hutte en bambou recouverte de larges feuilles de bananier sauvage leur servira d'abri pour la nuit ; quant à leur turbulent troupeau quelques bois reliés solidement lui feront une cage très confortable.

Un autre cri d'appel est celui de « Lôc ! Lôc ! » qui s'adresse aux volaille de la basse-cour. On voit quelquefois une femme répéter ce cri en guidant avec une baguette une centaine de petits canards.

La femme taï s'occupe aussi à des travaux plus relevés. C'est elle qui file le coton et la soie pour en faire des vêtements, dont la trame est d'ailleurs assez grossière. Elle fait aussi des couvertures ouattées recouvertes d'un tissu de soie, dont le dessin est formé de rayures à couleurs variées d'un assez bel effet. Mais les pièces de soie employées viennent pour la plupart du Laos. Elle confectionne des oreillers formés de galettes rectangulaires rembourrées de ouate qui se replient les unes sur les autres. Les deux bouts sont ornés de dessins brodés ou formés de découpures d'étoffes de couleurs variées, cousues ensemble. Elle teint ses étoffes elle-même et garde les mains rouges ou vertes plusieurs jours sans en éprouver aucune gêne.

Chez elle, la femme taï est reléguée au deuxième plan avec les enfants et confinée dans les soins du ménage. Elle est d'une grande timidité en présence de l'Européen. Aussi n'est-il pas rare quand elle le rencontre sur une route de la voir chercher à se dissimuler ou à s'écarter en faisant un détour dans la rizière. Ce n'est que dans le cas où elle est vieille et laide qu'elle passe avec une réelle sécurité.

§ 5. — *Coutumes féodales. — Redevances.*

Nous ne sommes plus ici en pays annamite, où le dernier des fils de paysans, s'il a l'intelligence et l'instruction nécessaire pour réussir aux examens de bachelier et de licencié, peut arriver par son seul mérite... et aussi par la faveur, aux plus hauts grades du mandarinat. La société taï est divisée en deux classes bien distinctes, les nobles et le peuple. C'est bien la féodalité, mais établie sur des bases bien différentes de la féodalité du moyen âge. Le peuple a d'ailleurs voix au chapitre, car il nomme lui-même le maire de sa commune et les chefs de village nomment les fonctionnaires du tchaô. L'assemblée des notables peut même demander la démission du quan tchaô dans les cas urgents.

Si le peuple taï a des droits, il a aussi de lourdes charges. Chaque village doit certaines corvées dans les rizières des notables ou un certain nombre de charges de riz par an. De plus, comme en pays annamite, le paysan est tenu d'apporter des cadeaux chaque fois qu'il se présente chez un chef pour lui demander justice ou pour assister à une fête.

Il est en effet d'usage chez les Annamites, que les invités à une fête apportent des cadeaux et même de l'argent. En 1889, X***, un de mes camarades, qui se trouvait en garnison à Vigne long (Cochinchine), fut invité à une fête donnée par un interprète qui allait à l'Exposition. Cet indigène avait reçu une forte indemnité de voyage, mais comme elle ne lui semblait pas suffisante il avait résolu de donner une fête pour augmenter son pécule. Il fit venir une des meilleures troupes d'acteurs et lança force invitations. Des plateaux chargés de victuailles attendaient les amateurs, des fumeries d'opium, lampe toute allumée, attendaient leurs fidèles, des coupes de champagne étaient destinées aux Européens. Les acteurs braillaient à se démonter la mâchoire, en faisant leurs entrechats les plus savants, les musiciens tapaient sur leur tambourins avec frénésie et un noble vieillard soulignait d'un coup de tamtam les passages les plus saillants de la pièce. Rien n'y manquait, mais ce qui intriguait le plus mon ami X***, c'était de voir un lettré plein de gravité, assis près de la porte d'entrée le pinceau dans les cheveux et de grosses lunettes sur le nez. Il toisait les nouveaux arrivants d'un œil sévère et engageait avec eux un petit colloque à la suite duquel quelques piastres ou quelques ligatures étaient déposées sur la table. Après avoir vérifié le compte, notre digne personnage inscrivait quelques caractères sur un registre. L'explication que cherchait X*** lui fut donnée par un interprète. Il lui apprit que le maître de la maison avait pris un secrétaire chargé de prendre note de tous les cadeaux apportés par les invités et qu'en retour si notre hôte était invité par l'un d'eux, il devrait apporter en cadeau une somme au moins égale à celle qu'il recevait ce jour-là, sous peine de passer pour un homme mal élevé. X*** n'en revenait pas de cette façon ingénieuse de se procurer de l'argent; en y réfléchissant, il se souvint qu'un jour à Phoû Gno quoine (Tonkin) un de ses caporaux indigènes était venu lui demander la permission de donner une fête pour se pro-

curer de l'argent. Il lui avait donné des explications auxquelles X*** n'avait rien compris et celui-ci l'avait envoyé promener croyant qu'il voulait installer une maison de jeu chez lui.

En pays taï, les choses ne se passent pas de la même manière, mais le résultat est toujours atteint par les notables qui donnent une fête: amuser l'invité avec son propre argent et garder encore pour soi un joli bénéfice.

Lorsque le maire d'une commune veut donner une fête, il envoie à l'avance à tous les chefs de hameau une petite note où il leur enjoint de lui faire parvenir une certaine somme pour subvenir aux frais qu'il aura à supporter. De cette façon ceux qui n'assistent pas à la fête paient comme les autres.

Dans les tchaôs où il y a des chefs de canton, ceux-ci s'adressent au maire de chaque commune. Enfin le quoine tchaô et le thô laille, son second, font de même avec les cantons ou les communes et c'est toujours le bon paysan qui donne sa cotisation. La somme versée par chaque famille n'est pas bien élevée, c'est vrai; mais elle vient s'ajouter aux redevances régulières dues à chacun des chefs et à l'impôt foncier qui varie entre une et trois piastres par famille. Toutes ces petites sommes finissent par constituer une charge assez lourde pour ces braves gens qui n'ont pour toute ressource que les quelques arpents d'une maigre terre qu'ils disputent à la forêt voisine.

Malgré ses charges, le peuple taï n'est pas taillable et corvéable à merci. Il connaît ses droits et ses devoirs. Les redevances qu'il offre à ses chefs sont régulièrement discutées au sein de l'assemblée des notables et si un chef se montre trop exigeant, il s'expose à des réclamations. C'est ainsi qu'au commencement de cette année la moitié des notables d'une commune des environs de Vane-bou vient trouver le commandant du cercle pour porter plainte contre le maire. Il fallait vraiment que ce fonctionnaire eût lassé la patience de ses administrés, pour qu'ils se fussent décidés à venir réclamer contre lui. Il occupe ses fonctions depuis l'âge de 8 ans et approche de sa vingtième année. Les réclamations faites à plusieurs reprises au quoine phôu de Seunela, son oncle, n'avaient amené que quelques remontrances que le jeune homme s'empressait d'oublier. Cette année il avait encore augmenté l'impôt de cent piastres et s'était fait donner comme redevance 75 piculs de riz par hameau. Cette fois les notables s'étaient décidés à réclamer à l'autorité française et la supplique qu'ils remirent concluait simplement qu'ils n'acceptaient plus l'autorité de leur maire. Force fut au commandant d'écouter leur prière et, tout en laissant au jeune maire l'autorité nominale sur toute sa commune, il dut lui enlever l'administration des hameaux qu'il avait pressurés et fit procéder par leurs notables à l'élection d'un *Truêung yápe* ou chef de quartier qui les administre maintenant séparément. Il ne voulut accepter que ce titre parce que celui de *pholy* qu'on voulait lui donner rentrait dans les charges réservées à la race noble.

§ 6. — *Seigneurs et notables.*

La véritable unité administrative dans les pays taïs est le tchaô. Le quoine tchaô ou tri tchaô considère tout le territoire de son tchaô comme son domaine seigneurial.

Il est assisté dans l'administration du peuple par un *thô laille* ou *tchaô óng*, qui marche immédiatement après lui et le remplace quand il est absent. Viennent ensuite les chefs de canton, qui n'existent que dans les tchaôs de Vanne-tcheune, de Diêne-biêne, de Touêne-yáo et de Louene. Ces deux derniers ne forment d'ailleurs qu'un canton et n'ont pas de quoine tchaô.

Il en résulte que dans la plupart des tchaô taï, la commune ou sã est la division administrative qui vient après le tchaô. A sa tête se trouve le maire ou *lÿ trueùng* qui est encore un gros personnage dont le territoire a quelquefois une vingtaine de kilomètres d'étendue; un phô lÿ lui est souvent adjoint pour commander une partie de la commune. Les maires et leurs adjoints sont nommés à l'élection par les notables de la commune et choisis toujours dans la famille noble qui domine le pays. C'est la famille des *Kamme*, des *Bak* et des *Hoang* dans tous les pays habités par les Taïs noirs et la famille des *Diêo* chez les Taïs blancs de Laï tchaô. Tous ces notables forment une caste supérieure désignée dans la langue du pays par le mot *tão*. Il arrive quelquefois, par exception, que la commune choisit son maire en dehors de cette caste, mais alors le quoine tchaô a le droit de casser l'élection. Le plus souvent, il évitera de contrecarrer ouvertement la volonté du peuple.

Citons encore parmi les charges réservées au nobles ou tão, et qui ne sont souvent que des sinécures conférant un titre : celle du *khoàng tueùng*, qui est chargé de la surveillance des exploitations minières, celle du *souéute daûille*, qui s'occupe d'armer les habitants contre les pirates, et du *Kaille*, qui lui adjoint.

Le quoine tchaô ou tri tchaô porte le titre de *àne gnã po* (seigneur père) ou *àne gnã louóng* (grand seigneur) et tous les autres tão ont droit à l'appellation de *fiã* (maître) sauf le *kaille* qui porte le titre de *tão*, quoiqu'il ne fasse pas partie de la caste des tão.

Au-dessous de cette caste, vient celle des prêtres dont les fonctions sont héréditaires. Dans un tchaô il y a trois prêtres : le premier est le *ông mo*, le deuxième est le *ông ngaie* et le troisième le *ông tchang*. Ils ne se distinguent du peuple par aucun signe distinctif en temps ordinaire, mais lorsqu'ils sont appelés à faire les prières dans les cérémonies officielles, ils portent une robe rouge ou jaune et sont armés d'une lance. Il sont entourés d'un certain respect et sont considérés comme des notables d'un rang élevé. C'est pourquoi on peut leur donner le titre de *prêtre* pour les distinguer des *sorciers* (môte) et des *sorcières* (môte gnĩng), qui vont chanter au chevet des malades pour appeler le démon qui les possède.

Il faut savoir que pour les Taïs, toutes les maladies ne sont que des manifestations de la présence du démon. A-t-on mal au foie? C'est qu'on a un démon dans le foie; a-t-on mal au ventre? C'est qu'on a un démon dans le ventre. La médecine se réduit donc à chasser le démon.

Lorsque le malade n'a qu'une indispostion sans importance, on fait appeler tout simplement la sorcière qui fait la cérémonie de *pôille kái* (délivrer une poule). Elle enferme dans une petite cage une poule avec ses poussins, puis elle s'agenouille à côté et invite le démon à suivre l'exemple de la poule qui est enfermée dans la cage. Cela fait, elle ouvre la porte de la cage et la poule s'empresse de sortir en se secouant.

Ce n'est que pour une indisposition assez grave que l'on fait venir le sorcier, qui se contente d'abord de faire la cérémonie de *foùne* en immolant deux ou trois poulets. Si le malade ne se sent pas soulagé il passe à la cérémonie du *sêne* en tuant un cochon et même un buffle. Il dresse un petit autel dans un coin de la chambre. Sur cet autel il dispose des morceaux de l'animal qui a été immolé et d'autres offrandes telles que des vêtements, des pièces d'étoffe, etc. La sorcière est armée de petites baguettes qu'elle agite avec dextérité en récitant des prières adressées au démon que l'on veut amadouer. Pendant ce temps le sorcier s'accroupit à côté avec une flûte et commence à en tirer les sons les plus plaintifs. Cela dure quelquefois plusieurs jours. Le malade supporte patiemment ce vacarme en se disant sans doute que le démon ne pouvant plus y tenir finira par s'en aller. Lorsqu'il se montre trop récalcitrant, (je parle du démon) on lui fait avaler par l'intermédiaire du patient quelques foies de volailles ou autres aliments aussi succulents ; quelquefois, le malade, grâce à un tempérament robuste, résiste à cette médication. Alors les sorciers sont grassement payés et chaudement remerciés.

Enfin vient la classe du peuple, à la tête de laquelle se placent une série interminable de notables de village.

Prenons comme exemple la grande commune de *Sône maille* dans le tchaô de *Thoueunne tchaô*. Elle comprend quatre mueŭngs qui sont le *Mueŭng Moueil*, le *Mueŭng Aic*, le *Mueŭng Pîne* et le *Mueŭng Tchêng La*.

Le Mueŭng Moueil est la résidence du quoine tchaô et des seigneurs du tchaô qui sont le *thô laille* et le *thông laille*, le maire ou *lý trueŭng* de Sône maille et son adjoint le *phó lý*, enfin le *ông mo*, premier prêtre du tchaô.

Le territoire du mueŭng est divisé lui-même en quatre quartiers ou *ngoŭ* (1) qui sont placés sous l'autorité des quatre premiers notables le *ông sáine* (2), le *ông pòng*, le *ông ho louong* et le *ông pòng kang*. Ces notables résident dans leur quartier et y font exécuter les ordres du quoine tchaô et du maire. Ce sont les notables du premier rang.

Les notables du deuxième rang sont aú service du quoine tchaô et du maire et restent au chef lieu ; ce sont le *tchá hueŭne* qui a pour mission de réunir les matériaux pour la construction de la maison du quoine tchaô et s'occupe de son installation dans les grandes fêtes ; le *ho háie* et le *ông pouac* qui sont chargés de faire immoler les animaux offerts dans les cérémonies religieuses ; le *làme pòng* et le *lame ho*, qui ont des charges analogues. Ce sont de véritable sinécures mais il faut ajouter qu'elles ne sont pas rétribuées.

Les quatre chefs de quartiers (ngoŭ) dont nous avons parlé plus haut, sont assistés chacun d'un *quoine* váic, pour la police et d'un *quoine phông*, pour la distribution des corvées, l'entretien des routes, etc. Ils occupent le 4ᵉ et le 5ᵉ rang dans la hiérarchie des notables. Après eux viennent les *quoine bạne* qui sont de simples chefs de hameaux (6ᵉ rang), enfin les *quoine tchiêng* qui jouent dans le ngoŭ le rôle d'intendants (7ᵉ rang).

Chacun des ngoŭ de *mueŭng Moueil* comprend 9 hameaux ou villages ; ils sont commandés par le chef de quartier, le ông Sáine par exemple, le quoine váic, le quoine phông et le quoine tchiông et cinq quoine bạne, qui portent le titre de quoine suivi du nom de leur village. Nous comptons ainsi 36 notables dans les quatre quartiers de mueŭng Moueil : si on y ajoute les 6 seigneurs (fïã) qui y ont leur résidence et les 5 notables de deuxième rang, on arrive au chiffre de 47 notables dans le seul mueŭng Moueil.

Prenons maintenant le *mueŭng Aic :* nous trouvons à sa tête un tão qui porte le titre de tão aic. Ici pas de quartiers ; la commune est simplement divisée en 8 hameaux qui sont sous les ordres des 4 notables de premier rang et de 4 quoine bạne. En tout 9 notables. Les *mueŭng Pîne* et *mueŭng Tchêng La* en ont le même nombre. En ajoutant le nombre des notables des quatre mueŭngs qui forment le sả de Sône maille on atteint donc le chiffre respectable de 74 notables dans une seule commune.

Ce chiffre peut varier beaucoup suivant l'importance des communes, qui se réduisent quelquefois à un seul mueŭng. Le titre même de certains notables peut changer ou disparaître d'un tchaô à l'autre. Ainsi dans la commune de Seune-la il n'y a pas de

---

(1) Dans le tchaô de Sou-la les Mueŭngs sont divisés sộNG.

(2) Monsieur dix mille. Dans les communes de moindre importance, même dans celle de Seune-la, qui est très étendue, le premier notable porte le titre de ÔNG PÁNNE, monsieur mille.

pòng kung, mai en revanche il y a un *ông quyên ;* les *quoine vâic* s'appellent *pâic*, le quartier s'appelle *sŏng*, etc. On peut retenir cependant comme règle générale qu'une commune ou *să* comprend un ou plusieurs mueŭngs, le premier est sous les ordres directs du maire ou *lý trueŭng*, assisté quelquefois d'un *phó lý*, qui, lui-même peut commander directement une partie de la commune. Les autres mueŭngs sont sous les ordres d'un *tăo ;* leur importance est en général bien inférieure à celle du premier. Dans chacun d'eux on trouve toujours au moins comme notables le ông păune, le ông pòng et le ông ho louông.

En résumé, les différents chefs taïs peuvent se classer de la façon suivante :

1º Caste des nobles ou *tăo*, dont les principaux sont le quoine tchaô, le thô laille, les chefs de canton et les lý trueŭngs ou maires des communes ;

2º Caste des prêtres ;

3º Caste des notables de village, qui se subdivisent eux-mêmes en sept classes ou rangs.

§ 7. — *Habitations*

La maison taï est toujours bâtie sur pilotis. De gros poteaux plantés en terre soutiennent à hauteur d'homme le plancher qui se compose de bambous placés horizontalement les uns à côté des autres et sur lesquels est attachée une claie en bambous écrasés.

Une grossière charpente supporte le toit en paillottes, qui affecte souvent une forme arrondie aux deux extrémités de la maison et ressemble alors à un vaisseau retourné. Les cloisons sont formées de claies en bambous qui laissent passer par leurs interstices la chaleur et le froid. Quelques fenêtres, dont les volets sont en planches, donnent dans la maison une clarté qui est toujours insuffisante parce que le bord du toit descend trop bas.

A l'un des angles de la case se trouve un escalier ou une simple échelle, qui donne accès dans un vestibule ou sur une terrasse en bambou sur laquelle s'ouvre la porte principale. De l'autre côté se trouve une autre terrasse réservée aux soins du ménage. En pénétrant dans une maison taï, on est tout d'abord frappé par l'absence de meubles. Ce n'est que chez les gens de haute classe que l'on rencontre des lits, des tables et des bancs. Chez les autres, une natte étendue sur le plancher et une moustiquaire suspendue à la charpente indiquent seuls l'emplacement d'un lit. Au centre de la maison s'étend une vaste allée, de chaque côté de laquelle s'ouvrent deux ou trois chambres dans lesquelles couchent les différentes familles qui habitent la maison. Le long de cette allée centrale s'échelonnent de place en place des foyers allumés dans un grand cadre en bois rempli de terre. C'est autour de ce foyer que les membres de la famille se réunissent, assis par terre ou sur des petits tabourets très bas en bambou tressé. L'homme fume la pipe à eau pendant que la femme file le coton ou fait la cuisine en portant son dernier bébé suspendu dans le dos à l'aide d'un turban.

Lorsqu'on pénètre dans la maison d'un haut personnage, tel qu'un quoine tchaô ou un maire, on traverse d'abord un grand vestibule réservé aux étrangers. C'est là que s'élève l'autel des ancêtres. La case la plus grande que nous connaissions est celle du quan phoŭ de Seune-la qui mesure 75 mètres de long sur 25 de large. En entrant dans ces immenses galeries qui donnent asile à une douzaine de familles complètes, on ne peut se défendre d'un moment d'étonnement en songeant que, à part les colonnes qui forment la grosse charpente, c'est le bambou qui entre seul dans la construction de ces édifices.

Les supports du plancher sont des bambous, le plancher lui-même et les cloisons extérieures ou intérieures sont faits avec des bambous écrasés, les lattis qui supportent le toit sont des bambous, les lattes sur lesquelles sont attachées les paillotes sont des lamelles de bambou, les ficelles même qui les attachent sont encore tirées de ce petit arbre. Au dehors, la palissade qui entoure la maison est encore en bambou. Parmi les ustensiles de ménage nous retrouvons encore l'universel bambou :

La cruche à eau est formée tout simplement d'un gros bambou, coupé d'un nœud à l'autre.

La pipe à eau se fait de la même manière avec un petit bambou, en enfonçant dans le bas un petit tuyau, tiré du même arbre, qui servira de fourneau. Un peu d'eau dans le fond de la pipe, un pincée de tabac sur le fourneau, du feu pris au foyer avec une petite baguette et voilà la pipe allumée. On peut ajouter: voilà un homme heureux, car après une aspiration de sa pipe, la figure d'un indigène revêt toujours une expression de profonde béatitude.

Quelquefois le même bout de bambou sert à la fois de canne, de pipe et de verre à boire.

Le petit tabouret rond, qui constitue souvent à lui seul tout le mobilier d'une maison taï est en bambou finement tressé et serait un siège assez commode s'il n'était pas si bas.

Nous ne pouvons, malheureusement, terminer l'énumération des ustensiles sans mentionner l'un des plus fréquents — le bambou par excellence — la dangereuse pipe à opium.

Les conduits qui amènent l'eau du ruisseau voisin jusque sur la terrasse de la maison, sont faits de gros bambous fendus par le milieu et supportés par des chevalets plantés en terre de place en place.

Les *norias* ou moulins qui servent à élever l'eau dans ces conduits à 6 ou 8 mètres au dessus du niveau du torrent sont construites de la façon suivante : deux grosses poutres formant chevalet sont plantées en terre et supportent l'axe horizontal d'une grande roue de 3 à 4 mètres de rayon.

Les rayons de cette roue sont de petits bambous enfoncés dans le moyeu. Leur grand nombre donne à la roue l'aspect d'une immense roue de bicycle.

Sa circonférence est armée de palettes destinées à la faire tourner en passant dans le courant, et de gobelets en bambou inclinés de telle façon qu'ils restent pleins d'eau jusqu'à ce qu'ils arrivent au dessus du conduit supérieur dans lequel ils se déversent. Ce conduit se trouve placé un peu au dessous du point culminant de la roue, parallèlement à son plan et juste au dessous du point où viennent se vider tous les petits gobelets. De ce canal partent d'autres canaux en bambou qui amènent l'eau soit dans un village soit dans une rizière. La plus belle noria que j'aie vue est celle qui donne de l'eau au village qu'habite de Quoine-tchaô de Maille-seune, bien connu dans la Rivière noire sous le nom de Cam-téck.

Dans les rizières on trouve encore beaucoup d'applications assez ingénieuses du bambou. Les épouvantails destinés à éloigner les petits oiseaux qui y viennent manger le grain se composent d'un mannequin habillé dont le bras et les jambes sont mis en mouvement par des liens attachés à un levier. Le déclic est donné par l'abaissement d'un bambou qui, placé sous un filet d'eau, fait bascule lorsqu'il est plein et se relève aussitôt. Un appareil analogue est employé à décortiquer le riz permettant au Taï de se reposer. (Ce qui lui plaît le plus au monde).

Les pièges avec lesquels les Taïs prennent toute espèce d'animaux, même le tigre, sont basés sur la flexibilité d'un grand bambou qui forme ressort au moment où l'animal a fait jouer le déclic.

Enfin, les ponts que les indigènes jettent sur les torrents, sont supportés par des piles formées de grosses pierres enveloppées dans une sorte de gros gabion en lanières de bambou. Le tablier est formé de bambous jointifs sur lesquels on attache une claie.

Pour en revenir à l'habitation taï, le rez-de-chaussée, qui est laissé libre en dessous du plancher de la maison, est la demeure habituelle des animaux domestiques. Les chevaux sont enfermés dans de petites loges isolées les unes des autres. Quand aux buffles, cochons et volailles, ils y passent la nuit en liberté. Ce voisinage ne laisse pas d'amener dans l'étage supérieur des émanations qui seraient désagréables pour notre odorat trop subtil, mais qui ne semblent gêner nullement les indigènes.

La maison d'habitation a presque toujours pour accessoire un petit magasin à paddy, bâti sur le même modèle mais de dimensions beaucoup plus restreintes.

La maison taï a l'avantage d'être isolée du sol par un espace vide dans lequel l'air circule librement. Ses habitants sont donc à l'abri de l'influence immédiate des miasmes qui se dégagent du sol. Malheureusement le bénéfice de cette heureuse disposition se trouve perdu par cette circonstance que le sol du rez-de-chaussée reçoit constamment les déjections des animaux domestiques qui sont entassés sous la maison.

La chaleur et le froid pénètrent dans ces maisons mieux que dans aucune autre, car les murs au lieu d'être en torchis, en bois ou en pisé sont de simples cloisons en claies de bambous ; le sol au lieu d'être la terre elle-même est de même nature et se laisse aussi pénétrer par le froid et le chaud. Lorsque l'on fait remarquer à un Taï qu'il serait bien mieux à l'abri dans une maison en torchis, il en convient sans peine, mais il ajoute qu'il ne peut rien changer à ses coutumes de peur d'offusquer la mémoire de ses ancêtres. Il n'y a pas à insister. C'est, comme on le voit, la négation de tout progrès.

§ 8. — *Fiançailles et mariage*

Les Taïs ne connaissent pas ce que nous appelons le mariage de raison. Ils ne consultent que leur cœur lorsqu'il s'agit de se fiancer et les parents n'interviennent que pour ratifier leur choix.

Nous ne pouvons mieux donner une idée de la liberté dont jouissent les jeunes gens et les jeunes filles, qu'en racontant comment les choses se passent dans la riche vallée de Nghĩa-lô.

A six kilomètres du poste se trouve la belle grotte de Sàme-láie, dont le nom seul fait battre les jeunes cœurs de la contrée. C'est là qu'on vient de plusieurs lieues à la ronde chercher l'âme sœur. Les jeunes gens et les jeunes filles se donnent rendez-vous le 15 et le 30 du 2ᵉ mois et les 5, 10, 15, 20, 25 et 30 du 3ᵉ mois. C'est au printemps comme on voit. Lorsque deux jeunes cœurs ont battu à l'unisson, après quelques causeries à l'écart au milieu de cette sauvage nature, le jeune homme ira faire sa demande à la famille de celle qu'il a distinguée.

Le retour des grottes de Saîme Láie mérite d'être vu. Une longue file de jeunes couples serpente à travers la belle plaine de rizières. Ils s'avancent se tenant par la main ou par la taille et leur teint animé indique assez que leur causerie n'est pas banale. La vue d'un fâcheux comme nous semble les arracher à une douce rêverie.

Les mains se délacent et le sourire gracieux qui illuminait le visage de la jeune amoureuse se change en une moue peu flatteuse pour le trouble-fête.

Bientôt le dernier couple a disparu derrière la colline. Un petit sentier fraîchement battu nous mène à la grotte, qui est revenue à sa sauvage solitude. Le sentier grimpe au milieu des lianes et sous un feuillage touffu jusqu'à la base d'une haute muraille calcaire sous laquelle s'ouvre une large galerie. C'est la grotte de Saïme Laie. Au fond d'un sombre couloir de cent mètres de profondeur se trouve une immense table en marbre disposée en forme d'autel. Cette voûte qui tout à l'heure retentissait de chants langoureux et des notes plaintives de la flûte de Pan, est retombée dans son morne silence. Les arbres qui ont abrité de si tendres aveux, seront frôlés tout à l'heure par le maître de céans qui reviendra prendre possession de son antre pour la nuit. Les traces du tigre sont encore fraîches à l'entrée de la grotte. Le soleil se couche derrière la montagne. Il est temps de laisser la place au roi de la forêt.

Les formalités qui précèdent un mariage taï sont réduites à bien peu de chose.

Le père du jeune homme se rend simplement au domicile de la jeune fille pour faire la demande. Il se fait accompagner de quelques cadeaux dont l'importance est proportionnée à sa fortune : les noirs d'arec et le bétel, qui sont presque indispensables, une paire de bracelets, une ou deux ceintures de soie, une couverture laotienne, un oreiller brodé, quelques barres d'argent, etc.

On demande à la jeune fille, pour la forme, si elle accepte le prétendant pour mari et ses parents fixent le temps pendant lequel devront durer les fiançailles, en général de 6 mois à trois ans, suivant qu'ils voient le mariage d'un bon œil ou veulent en reculer l'échéance pour éprouver la constance des fiancés.

Ceux-ci continuent à habiter chez leurs parents mais ils se voient aussi souvent qu'ils le veulent et les parents leur laissent la plus entière liberté. Cependant lorsqu'une jeune fille est prise d'un embonpoint aussi précoce qu'inattendu. le galant qui l'a mise à mal est puni d'une amende par le quoine tchaô ou le maire. Et, chose bien surprenante, si le coupable est un grand seigneur ce sont ses gens qui lui infligent la même punition. Au bout de ce temps d'épreuve, on procède à la célébration de la noce.

La fête a lieu chez les parents de la jeune fille. mais c'est le père du jeune homme qui en fait les frais. On invite les parents, les amis et tout le village si on peut le faire, surtout les notables qui sont de toutes les fêtes. On tue les plus belles volailles et le plus beau porc de sa basse-cour, un buffle même si on est riche et on passe deux ou trois jours à manger et à boire. Des plateaux chargés de victuailles sont disposés de place en place par terre. Autour de chacun d'eux, assis sur des tabourets bas ou sur le sol sont les invités. Devant chaque personne est un bol, une petite tasse, une cuiller en porcelaine à manche court et les deux indispensables baguettes. Les viandes hachées menu, les soupes d'herbes, la sauce de poisson fermenté (nuéúck meumme) sont placées dans de grands bols au centre de la table; chaque convive armé de ses baguettes prend dans les plats le morceau qui lui convient et le trempe dans son bol qu'il tient de la main gauche et dans lequel il a mis tout d'abord quelque cuillerées de soupe ou un peu de sauce de poisson. C'est le maître de la maison, ou en son absence la personne la plus élevée en dignité ou la plus âgée qui, en prenant ses baguettes des deux mains et en s'inclinant légèrement, invite les convives à manger. Elle joue le rôle de président de table et offre souvent à boire l'eau-de-vie de riz qui est servie dans des petites tasses. Dans les repas de cérémonie on ne mange pas de riz dans le courant du repas; ce n'est qu'à la fin qu'on apporte un grand panier plein de ce riz gluant, si cher aux Taïs (et que les Annamites n'aiment pas). On en prend une poignée que l'on mange avec la main, mais les gens bien élevés s'en dispensent le plus souvent pour montrer au maître de la maison qu'ils ont bien dîné.

Dans les festins taïs c'est le *Kine laọ sá* qui a le plus grand succès.

Dans une grande jarre on a laissé fermenter du riz, du son et du levain et on a versé de l'eau jusqu'au bord. De longs tuyaux en bambou sont plongés dans le mélange. Huit ou dix jeunes gens s'assoient par terre et chacun d'eux prend l'un des tuyaux et le recourbe devant sa bouche. Une jeune fille donne le signal en disant *meŭil eŭ* (je vous invite) et tous aspirent fortement le vin de riz. A mesure que le niveau baisse elle verse de l'eau dans la jarre avec une corne de buffle. A chaque corne versée elle annonce à haute voix combien ont été bues et combien il en reste à boire. S'il y a dix personnes, elle dit: *khảte nung gnăng họ*, (fini une encore neuf) et ainsi de suite. Si on ne boit pas assez vite et que la jarre vienne à déborder à la troisième corne, elle dit: *khạô saïne bảô khảte* (la corne trois ne compte pas) et il faut rattraper le temps perdu.

Lorsque les jeunes gens ont bu leurs dix cornes pleines de vin, c'est au tour des jeunes filles et c'est alors un jeune homme qui verse à boire.

Ce vin a un petit goût aigrelet et n'est pas très fort surtout lorsqu'on a déjà versé quelques cornes d'eau dans le mélange.

On boit aussi dans des tasses du vin distillé. Les jeunes gens et les jeune filles chantent à tour de rôle. Quand une jeune fille a chanté les louanges d'un jeune homme elle termine en l'invitant à boire, c'est alors une lutte à qui chantera le plus pour faire boire les autres.

Après une journée de ces petits jeux innocents, on peut se faire une idée de l'état d'ébriété dans lequel se trouve toute la maison. Ce sont les vieilles femmes qui sont les plus acharnées: Aussi reviennent-elles toujours chez elles avec un bâton de vieillesse.

On rencontre quelquefois dans la campagne un cortège composé de deux ou trois personnes suivant un palanquin. « Quel est donc le haut personnage qui se fait porter dans ce hamac? » demandez-vous — « C'est notre bonne grand'mère qui est allée boire du vin à la noce d'un tel... Elle est ivre-morte. » N'allez pas croire, au moins, que la rougeur qui couvre le front du jeune homme qui vous fait cette réponse ingénue soit celle de la honte. Elle provient simplement de ce qu'il a bu autant que sa grand' mère. L'ivrognerie est très en honneur chez le Taï et ce serait faire une impolitesse à l'amphytrion que de ne pas sortir d'un festin avec une légère pointe de gaieté.

C'est encore un des grands points de dissemblance entre cette race et la race annamite qui est d'une sobriété exemplaire. S'il y a des exceptions, il vaut mieux ne pas en parler car ce sont les tristes résultats de notre exemple.

Nous n'avons parlé jusqu'ici que des réjouissances auxquelles donne lieu un mariage. Il faut bien montrer aussi le revers de la médaille: un mariage riche coûte très cher. Il faut donner à tout le monde, faire des cadeaux aux notables et aux prêtres, sans compter l'argent que l'on doit distribuer pendant la fête pour entretenir la gaîté dans l'assistance.

Au moment où nous écrivons ces lignes, le quoine tchaô de Maille Seune-Kamme vanne Oaille, dit Kamme Tếek, est depuis un mois à à Mueung khime pour y prendre une deuxième femme. Je me suis laissé dire que les dépenses occasionnées par cette fête s'élèvent à quatre cents piastres. Dans quelques jours il repassera par Vane Boú pour regagner Maille Seune suivi d'une centaine d'invités, on recommencera la fête chez lui et tout le monde rentrera content en souhaitant prospérité à la nouvelle épousée.

Dans les familles du peuple, on n'emmène pas ainsi sa femme chez soi aussitôt après le mariage. Il faut demeurer chez ses beaux parents pendant cinq ou six, quelquefois huit ans, c'est alors seulement que le mari peut vivre sous le toit de son père et il reste sous sa dépendance jusqu'à ce qu'il soit devenu par sa mort le chef de la famille.

§ 9. — *Cérémonies funèbres.* — *Crémation.*

On peut avancer en principe que les taïs noirs brûlent les morts. Cependant les gens qui n'ont ni les moyens de donner une fête, ni assez de parents pour leur rendre ce pieux devoir, sont tout simplement ensevelis dans une natte et enterrés sans cérémonie.

Lorsqu'une personne de la classe aisée est morte on lui fait revêtir ses plus beaux habits, on l'enveloppe dans les plus riches étoffes et on la couvre d'une couverture. Ensuite on dispose une sorte de cataphalque et on invite les parents et les amis à venir pleurer à la maison mortuaire. Le quoine tchaô, le òng mo (prêtre) et les notables qui veulent faire une offrande viennent à tour de rôle se prosterner en pleurant et en psalmodiant de longues incantations. Pendant ce temps les assistants profitent de la circonstance pour immoler les porcs et les volailles qui ont été offerts et la fête commence. Elle dure en général trois ou quatre jours ; mais pour les grands personnages elle se prolonge quelquefois pendant près d'un mois.

Au jour fixé pour l'incinération, quatre hommes emportent le corps sur son lit en bambou et le cortège se met en marche vers la forêt. Un homme éclaire la route avec un flambeau et les parents et amis marchent derrière. Les femmes restent à la maison.

La veille on a construit le bûcher qui est formé de bois réunis deux par deux en croix de Saint-André et accolés les uns aux autres en un long chevalet. Du bois à brûler est accumulé dans l'angle inférieur et on couche le corps dans l'espace supérieur. Les assistants se prosternent quatre fois devant le bûcher avant d'y mettre le feu. Toute la famille, sauf les femmes, reste à garder la dépouille mortelle pendant toute une longue journée ; on se tient debout à une vingtaine de pas du bûcher dont le triste spectacle est voilé par un petit bosquet artificiel qui l'environne de toutes parts.

Lorsque tout est fini les ossements sont recueillis dans une sort de pot en terre, que les plus proches parents iront enterrer dans la montagne dans une cachette connue d'eux seuls.

Sur l'emplacement où a eu lieu cette cérémonie on élève le tombeau. On creuse un trou dans lequel on verse les cendres du bois qui a servi à la crémation. Au-dessus de ce trou on bâtit une maisonnette qui représente la miniature de la maison de la personne décédée. On y dispose le matelas, l'oreiller, la moustiquaire, sans oublier la fumerie d'opium si la personne avait cette passion. On cherche en un mot à créer pour l'âme de celui qu'on a perdu un intérieur aussi agréable que possible. A l'époque des grandes fêtes, on ne manque jamais d'apporter aux ancêtres un plateau chargé de victuailles. Il est vrai que lorsque l'on juge que l'âme de l'ancêtre en a suffisamment respiré le parfum, on les reprend subrepticement pour les manger en son honneur. A côté de la maisonnette on dresse un mât très élevé sur lequel on attache horizontalement et obliquement de longs bambous figurant les branches d'un arbre mais placés tous dans le même plan vertical. On y attache des drapeaux, des pièces d'étoffe de couleur variées et des effets ayant appartenu à la personne. Au sommet on met l'image d'un animal qui est souvent un cheval pour les hommes, ou bien un parapluie de mandarin pour les grands personnages.

Lorque le corps de la personne que l'on pleure a disparu, après un combat par exemple, on réunit quelques effets lui ayant appartenu et on procède à la cérémonie de la crémation et à l'érection du tombeau comme si le corps était présent.

Faire les funérailles de quelqu'un se dit *yête haïo*. Cette cérémonie s'accomplit quelquefois vingt ans après la mort, lorsque les parents n'ont pas eu le loisir ou les moyens d'y procéder plus tôt. On brûle alors le cercueil avec le corps.

§ 10. — *Des grandes familles qui sont à la tête des douze tchaôs taïs.*

Les territoires de la vallée de la Rivière Noire peuvent se classer de la façon suivante :

I

Le dạo (1) de *Laï* qui est l'apanage de la famille de *Diẽô vanne Tchì*, comprend les trois tchaôs de Laï, de *Louenne* et de *Quigne Gnaï.*

Le tchaô de Laï se compose d'une seule commune et même d'un seul mueung qui est mueung Laï. Le quoine tchaô est Diẽô vanne Bảo dit Kamme Eune, frère cadet du quoine-dạo.

Le Lueunne tchaô n'est plus constitué qu'en un canton depuis 1894. Le chef de canton est Diẽô tchágne Houcunne dit Kamme Kigne, moralement sous l'influence de Bắck Kamme Daúille, ancien quoine tchaô, qui avait sous son autorité le Lueunne tchaô et le Touenne Yáo. On avait cru pouvoir réunir sous un même chef deux tchaôs habités par des taïs blancs et des taïs noirs ; mais on s'est aperçu que les premiers opprimaient les seconds. Maintenant que l'expérience est faite nous pouvons nous donner le luxe de dire que c'était infallible.

Ces deux tchaôs sont habités par des taïs blancs. Le troisième Quigne Gnaï est habité par des taïs noirs. Son quoine tchaô Diẽô T'chágne Hoane est de la vieille noblesse du pays ; il est à sa tête depuis 30 ans. Peu à peu l'influence des taïs blancs se fait sentir et beaucoup d'habitants se mettent à porter la queue à la chinoise.

La commune de Ngọc Tchên, cette belle vallée qui forme enclave entre Tôu-lệ et Vané-hóu, dépend du tchaô de Quigne Gnaï. Elle appartenait autrefois au quoine tchaô de Seune-la qui la perdit au jeu.

La famille des Diẽô, d'origine chinoise, occupe le pays de Laï depuis deux générations. C'est le grand-père de Diẽô-vanne-Tchì qui conquit cette contrée à la tête de bandes chinoises. Les soldats qu'il amenait firent souche dans le pays et par leurs alliances avec les femmes taïs produisirent la race que nous appelons race des *Taïs blancs*. On ne les appelle ainsi que parce que les vêtements des femmes sont souvent de couleur blanche. Les hommes sont de taille plus élevée que les taïs noirs, portent la queue comme les chinois et des vêtements de coupe chinoise. Ils sont plus fiers que

---

(1) Le dạo est une province frontière et correspond aux anciennes Marches de France.

Dieô vanne Tri, quoine dao de Lai tchaô.

les derniers, dédaignent les travaux de la terre et n'acceptent jamais de servir de coolies. Les seuls instruments de travail qu'ils consentent à manier sont la rame du piroguier et le fusil du milicien. Encore faut-il que ce soit pour la défense de leur propre territoire. Aussi n'a-t-on pas encore songé à y établir le recrutement régulier. Lorsque les travaux de la rizière réclament des bras, on fait descendre du Nord des *Hou gnis*, que l'on loue pour une saison. Les seuls coolies employés dans cette région sont les *sas*, qui semblent être la race autochtone du pays de Lai. Quant aux *Maios*, qui cultivent le flanc des montagnes, on se contente de leur faire payer l'impôt. On pourrait citer encore d'autres races younnanaises telles que les *Lus*, les *Lolos*, etc... Tous ces braves montagnards sont considérés par la race conquérante des taïs blancs comme un bétail dont le travail leur permet de vivre à rien faire. Aussi ne sont-ils pas plus maltraités que le bœuf ne l'est par son maître. On sait fort bien que tous ces misérables sont gens prompts à mettre la hotte sur le dos pour changer de domicile. La politique intérieure de la grande famille consiste donc à plumer l'oiseau sans le faire crier.

Quant à sa politique extérieure, il faut envisager le dạo de Lai comme un petit Etat-Tampon placé entre la Chine et le Protectorat. Nous ne pourrons avoir d'autre prétention tant que nous n'y entretiendrons pas des effectifs suffisants pour assurer sa défense extérieure et sa soumission absolue à notre autorité. On voit combien la situation de Dieỗ-van-Tchi est délicate; on sait d'autre part qu'il a toujours su faire respecter à la Chine le territoire qui lui est confié et qu'il fait tous ses efforts pour nous rendre les services que nous lui demandons.

Quelques personnes qui veulent passer pour de profonds diplomates en ayant l'air de se méfier de tout le monde, ont crié bien haut qu'il nous coûtait trop cher. Ont-elles cherché à se rendre compte des charges écrasantes qui pèsent sur lui? Ne faut-il pas nourrir tous ces montagnards du Younnam qui viennent cultiver les rizières pour nourrir les miliciens qui défendent le territoire? Enfin, qu'on veuille bien comparer les services que nous rend ce soumissionnaire pour quelques centaines de piastres avec les actes de trahison que nous avons subis pendant longtemps de la part de tel autre, beaucoup plus grassement payé.

II

Le phoủ de Seune-la, placé sous l'autorité d'un quoine phoủ, dont la résidence est Seune-la. Il est tout entier habité par des taïs noirs, à part quelques villages laotiens que l'on rencontre sur la frontière des tchaồs de Diên-biêne, de Thouenne-tchaồ et de Maille-seune.

Le quoine phoủ actuel est Kamme-vanne-Oine. Il a été nommé en 1892 en récompense des bons services qu'il a rendus à la cause française. Ses manières distinguées et plus cauteleuses que celles des autres chefs taïs le feraient prendre aisément pour un mandarin annamite. Il est toujours animé du meilleur esprit et fait tous ses efforts pour bien remplir ses fonctions. Il est bien regrettable que l'abus de l'opium ait quelque peu obscurci son intelligence, déprimé son énergie et même à plusieurs reprises affecté ses facultés mentales.

Le phoủ de Seune-la comprend les six tchaồ suivants:

1° Le tchaồ de Seune-la, dont le quoine tchaồ est *Kamme-vanne-Âne*, qui a remplacé le quoine phoủ dans son commandement. Très soumis, très zélé dans son service, d'une timidité excessive, n'a pas encore pu acquérir une autorité suffisante dans le tchaô de Seune-la, que le quoine phoù considère toujours comme sa terre patrimoniale. Sa résidence est à Bạne tchên, à deux heures de Van-boú.

2° Le tchaô de Maille-seune, dont le chef est *Kamme-vanne-Oáille*, plus connu sous son petit nom de *Kamme-Têck*. Tous les officiers qui ont fait colonne entre la haute rivière Noire et le fleuve Rouge connaissent et apprécient ce jeune tri-tchaô de vingt-cinq ans. Alerte, vigoureux, brave et intelligent, c'est avec la même aisance qu'il mène sa milice au combat ou qu'il administre son territoire. Depuis l'âge de dix-neuf ans il a toujours suivi avec empressement les commandants de colonne qui appréciaient ses excellentes qualités. Il porte bien le costume européen, n'est nullement embarrassé lorsqu'il est invité à une table d'officiers et parle suffisamment le français pour se passer d'interprète. C'est le seul taï que nous ayions jamais vu susceptible d'apprécier les raffinements de notre civilisation.

3° Le *yên-tchaô*, qui a pour chef *Hoang Vanne Keupe*, qui vient d'être nommé tri-tchaô en 1894, à la mort de Hoang-vanne-Tchi. C'est un homme d'une trentaine d'années assez insignifiant et sans aucune distinction, qui ne prononce une parole qu'après avoir consulté son thô laille.

4° Le *thouanne tchaô*, qui a pour chef *Bak Kamme Dauille*, nommé tri-tchaô en 1892 en remplacement de Bak Kamme Hiệpe, qui préféra renoncer au pouvoir qu'à l'opium et au jeu. C'est un homme de quarante ans, sérieux, dévoué et animé des meilleures intentions. On ne peut lui reprocher qu'une bonté excessive qui amoindrit un peu son autorité.

5° Le canton de *Touenne Yáo* qui a pour chef *Bak Kamme Iène*, nommé chef de canton en 1894, au moment où on a rendu aux Taïs noirs de cette contrée leur autonomie. Cette question n'est réglée qu'administrativement car Kamme Daúille et les Taïs blancs de Loueune Tchaô essaieront peut-être encore de reprendre de l'influence sur ces bons Taïs noirs. Un sergent européen et quinze hommes pendant un an leur rendraient toute leur énergie.

6° Le Tchaô de *Diêne Biêne Phoù*, qui a pour chef *Dueŭng Vanne Phaeu*. Son nom de famille n'est ni *Bak* comme pour les seigneurs de Thouanne-tchaô et de Touenne-Yao, ni *Kamme* comme pour ceux de Seuné-la, de Maille-seune, du Phoú-yêne et du Vanne-tcheune, ni *Hoăng* comme pour ceux du Yen-tchaô, ni Diêô comme pour ceux du dạo de Laï. C'est tout simplement *Dueŭng*, un nom de modeste notable de village. Il vient d'être nommé au grade de tri-tchaô après en avoir exercé les fonctions pendant plusieurs années avec une intelligence et un dévouement dignes de tout éloge.

La population, quoique entichée de la noblesse du nom, aime mieux un simple Dueŭng-vanne-Phaeu qui l'administre en servant ses intérêts, qu'un Diêô-vanne-Hóuy qui l'a pressurée par ses exactions, jusqu'au jour où nous l'avons prié d'aller vivre de ses rentes auprès de son frère Diêô-vanne-Tchï.

La plaine qui entoure le poste de Diêne-biêne est la plus étendue que nous ayions jamais vue dans les hautes régions du Tonkin. Elle a près de vingt kilomètres de long et a nourri, dit-on, à l'époque de sa prospérité, jusqu'à quarante mille habitants. Ce n'est plus maintenant qu'un immense plateau broussailleux avec quelques oasis de rizières autour de rares et pauvres villages.

III

Le phoù du *Phoù-yên*, dont le chef *Diêô-vanne-Thao*, après l'avoir mis en coupe réglée pendant quelques années, a été envoyé en villégiature à Laï, avec un congé illimité.

Cette région comprend deux tchaôs :

1° Le tchaô du *Phoù-yên*, dont le chef-lieu est le poste de Vane-yên, sur la rivière Noire. Le quoine tchaô *Kamme-vanne-Táng* est tellement abruti par l'abus de l'opium que le commandant du poste ne s'adresse jamais pour les questions administratives qu'au thô laille *Kamme-vanne-Eúne*.

La haute vallée du Phoú-yêne est habitée par de nombreux villages maios dont l'agglomération est assez importante pour avoir nécessité au commencement de cette année la création d'un thông lý maio ayant autorité sur tous les maios du Phoú-yêne.

2° Le *Môk-tchaô*, qui est habité par des taïs blancs et des mueungs, a pour chef le jeune tri tchaô *Sá-vanne-Thuéung*. Elevé à ces fonctions depuis l'âge de 18 ans (il en a maintenant 24), il n'a jamais considéré sa situation que comme un moyen de s'amuser impunément. La légèreté de ce fonctionnaire est d'autant plus regrettable que le Môk-tchaô est un pays sauvage, éloigné de tout centre et qui a été le théatre de maints désordres. Le meilleur moyen, à notre avis, de remettre les choses au point, serait la création au chef-lieu du tchaô d'un poste militaire dont le chef serait le mentor de ce jeune écervelé.

IV

Le douzième tchaô taï est le tchaô de *Vanne-tcheune*, qui a assez d'importance pour former, à lui seul, un cercle annexe. C'est la région qu'on appelait autrefois le Thagne-hôa-Ðao, dont l'orographie si mouvementée nous en a rendu la conquête si difficile. Le tri tchaô *Kamme-ngọc-Phông* est dévoué à la cause française et fait tous ses efforts pour nous bien servir, malheureusement c'est encore une des victimes de cette triste passion de l'opium qui fait tant de ravages dans la population aisée. Il est voûté à 43 ans.

Sa résidence est Nghĩa-lộ ou Mueŭng-lo, au milieu de la magnifique plaine du Ha-lo qui ne mesure pas moins de 12 kilomètres de long sur 6 de large. On ne peut se défendre d'une impression de plaisir lorsqu'après avoir traversé les gorges sauvages de Sãme-láie, on arrive tout à coup au bord de la falaise qui domine cet immense plateau aux rizières verdoyantes, entouré de toutes parts par de hautes montagnes. Au milieu de la plaine, à l'extrémité d'un petit éperon très bas, une terrasse blanche comme un minaret, des toits rouges qui font tache dans la teinte neutre des montagnes, au dessus le pavillon français : c'est le poste de Nghĩa-lộ.

A 40 kilomètres au N.-O. se trouve la vallée de Toú-lệ dont l'altitude (660 mètres) permet la culture des fruits et des légumes européens. On y mange des pêches excellentes et on y fait du cidre délicieux. Le poste militaire de Toú-lệ est, croyons-nous, le seul poste où l'on ait appliqué l'administration directe avec les Maios. Le soung quoine vient journellement au poste traiter avec le lieutenant toutes les questions concernant les corvées, le ravitaillement, les coolies, etc., sans l'intermédiaire d'aucun chef Taï.

Ces bons procédés ont donné aux habitants une confiance telle, qu'à la fin de 1894, ils avaient consenti à la création d'une milice maio. Ce fait est assez surprenant chez cette race de montagnards méfiants.

§ 11. — *De la propriété du sol.*

Il faut partir de ce principe que le *quoine tchaô* est le seul propriétaire foncier de tout le territoire qu'il commande. Il a le droit d'en aliéner des communes entières. C'est ainsi que l'on peut citer la belle vallée de Ngoc-tchêne qui a été gagnée au jeu par le quoine tchaô de Quigne-gnaï, il y a 60 ans ; la commune de Muĕung-tchaille, qui fut perdue par le même contre le Quoine-tchaô de Seune-la.

A chaque seigneur ou notable est attribué un certain nombre d'arpents ou maô de rizières : le quan tchaô en aura 5, par exemple ; le Thô-laille 4, le maire 3, le phó lý 2 et les notables de village un.

De plus chaque seigneur ou Taô a un, deux ou trois hameaux dont les habitants sont ses gens. Ils lui cultivent ses rizières, lui servent de coolies lorsqu'il se déplace, lui construisent sa maison, etc... Mais en revanche, ils sont dispensés de toute autre charge et ne fournissent jamais ni soldats, ni coolies, ni corvées.

Les notables de premier rang ông pãnne, ông pòng, etc., ont aussi un hameau dont les gens sont leurs clients, mais ils ne sont point pour cela dispensés des charges générales.

Dans chaque hameau ou village, le quoine bane ou chef de village a une portion des rizières du village comme chacune des familles qui l'habitent ; mais, de plus, il s'attribue une plus large part sur les produits riches du pays tels que la cardamone (mác nạing), médicament stomachique, la gomme laque (tchang) et le benjoin (yang-yáne) employé en parfumerie.

Le paysan n'est donc jamais le propriétaire de la terre qu'il cultive. Il ne peut l'aliéner et lorsqu'il quitte la commune, il doit la rendre au quoine bane, qui en fera la répartition entre les autres habitants. Inversement lorsqu'il se présente un nouvel habitant, il est accueilli avec joie puisqu'il aidera les autres à supporter les charges du village et on lui attribue une part de rizière pour nourrir sa famille.

CHAPITRE II

DE LA RACE MAIO

§ 1. — *Pays d'origine et costume*

La race maio est venue des montagnes du Younam il y a quarante à cinquante ans. Elle s'est répandue comme une tache d'huile dans le haut Tonkin en envahissant d'abord le tchaô de Tchieô-tiêne, celui de Vanne-tcheune où elle occupe la belle vallée de Tou-lệ après avoir pris la place des taïs et des mánes, puis les montagnes de la rivière Noire jusqu'au Phoú-yène, où elle forme une de ses plus fortes agglomérations ; enfin elle a descendu le Song-mạ et a été jusqu'à former des centres importants dans les montagnes du Thãgne-hóa.

Groupe de montagnards mâles du village de Tchame Taô (près Nghia-lô).
D'après une photographie de M. RIBI, sergent-fourrier d'Infanterie de marine.

Les maios se divisent eux-mêmes en plusieurs races différentes, qui sont les maios blancs, les maios noirs et les maios rouges. Elles se distinguent les unes des autres par la couleur de certaines parties du costume des femmes. De plus, chez les maios blancs, le costume des hommes est blanc alors que les maios noirs et les maios rouges portent des vêtements en toile bleu clair. En somme, la coupe des effets est toujours la même : turban roulé autour de la tête, cheveux longs tordus en chignon par derrière, quelquefois le large chapeau chinois que portent tous les habitants des hautes régions, large collier en argent dont le cercle est brisé sur la poitrine. Les deux bouts de l'anneau s'applatissent pour former une plaque sur laquelle sont frappés quelques caractères. Ils sont réunis par une chaînette à laquelle est quelquefois suspendue une sorte de brosse. Une petite veste s'arrêtant à la ceinture, boutonnée sur le côté de la poitrine, en toile blanche ou bleu clair, un pantalon de même toile à fond très large et jambes courtes, ressemblant un peu au pantalon de zouave, forment tout le vêtement avec des jambières en toile enroulées sur le mollet. Le fusil maio fait presque partie du costume : le canon du fusil est un long tube à section circulaire ou polygonale, renforcé ou relié au bois par des cercles de cuivre ou d'argent et quelquefois de simples ficelles. C'est le système du fusil à mèche mais la batterie au lieu d'être protégée par une plaque métallique est simplement recouverte d'un morceau de peau durcie. La crosse est très courte et légèrement recourbée. Le fusil se charge avec des morceaux de fer de longueur et de grosseur variables, aussi n'est ce pas une arme bien redoutable. Pour mettre en joue, le maio ne place pas la crosse contre l'épaule, mais il appuie contre sa joue la main droite qui tient le bout de la petite crosse. C'est ainsi que l'on voit souvent le recul produire un bleu au-dessous de l'œil droit du tireur

§ 2. — *Caractère du Maio.*

Le Maio est d'un naturel sauvage, se méfiant du voisinage des étrangers et même de ses pareils. Accroché au versant d'une montagne, il ne cherche noise à personne et ne demande qu'à vivre en paix dans sa sauvage solitude. La femme reste à la maison à soigner ses nombreux marmots. L'homme est aux champs avec son aîné. A la tombée de la nuit, il remontera la pioche sur l'épaule. Silencieux, il s'installe au coin du feu et fume sa pipe en attendant la maigre pitance de maïs. Il est heureux : ses poules vennent picorer dans la maison, ses cochons dodus chantent joyeusement dans leur étable suspendue au-dessus de la vallée. Sa femme l'a accueilli d'un sourire et ses enfants lui ont tendu leurs petits bras. Le soleil a lancé son dernier rayon sur le sommet de la montagne et le torrent qui mugit au fond du ravin va bientôt bercer son sommeil sans rêves. Que les fiévreux, ambitieux, manieurs d'argent, tripoteurs d'affaires, agités, névrosés, déséquilibrés de nos Babylones modernes viennent donc reposer leurs yeux clignotants sur ce tableau si simple et si éloquent.

Insensés ! Ce bonheur que vous poursuivez de vos désirs jamais satisfaits au milieu de vaines agitations, le pauvre montagnard Maio le trouve dans le sourire de sa douce compagne, le joyeux babil de ses enfants et la paix de son cœur au milieu du calme de la nature.

Plus industrieux que le taï, il confectionne lui même tous ses instruments aratoires, pioches, pelles, charrues, etc... Il fait des seaux en bois, de grandes marmites en fonte, des fours en terre, des moulins à maïs et à paddy, etc...

Plus laborieux aussi que son voisin de la plaine il élève des volailles, des porcs, des bœufs, des chèvres, dans le but de les échanger contre du sel ou des objets de paccotille du Delta. Dans ses relations commerciales avec les autres races, il se montre très méfiant; malgré cela il est toujours refait par l'Annamite auquel il donne de belle volaille pour quelques pincées de tabac opiacé ou une boîte à tabac de fabrication anglaise, munie d'un mauvais miroir. Le Maio qui n'a jamais vu son visage que dans l'eau des torrents, remonte dans sa montagne enchanté de son acquisition.

§ 3. — *Langage.* — *Culture intellectuelle.*

Les maios blancs parlent une langue spéciale, les maios rouges et les maios noirs une autre. Ces langues se disinguent de toutes les langues que nous connaissons par la fréquence de la consonne *ts* et *tch*. On comprend aisément combien elles doivent être harmonieuses à l'oreille. En dehors de leurs dialectes spéciaux, tous les maios, sauf les femmes, connaissent la langue *quoine hóa* (langue des mandarins). Cette langue est composée en grande partie des noms des caractères chinois. C'est la langue parlée au Younnam. Elle est connue au Tonkin des chinois commerçants ou pirates, des maios, des mânes et de quelques taïs qui ont avec eux des relations commerciales. C'est le volapuck des hautes régions.

Les maios n'ont pas d'écriture et connaissent à peine leur histoire jusqu'à la deuxième génération.

Au point de vue musical, leur culture est assez rudimentaire. Ils ont cependant un instrument de musique qui leur est spécial. Il se compose d'un long tuyau au bout duquel est une embouchure en métal. A l'autre bout est un renflement dans lequel viennent s'enfoncer à angle droit six autres tuyaux en bambou. On souffle dans le premier tuyau en tenant l'instrument avec les deux mains les bras allongés, pendant que les doigts bouchent les petits trous qui sont pratiqués à la base des différents tuyaux. On obtient ainsi des sons nazillards ressemblant à ceux d'un mauvais accordéon. Les airs sont d'une monotonie désespérante. Ce qui jette une note gaie dans la musique maio, c'est qu'elle est toujours accompagnée de danse. C'est le musicien lui-même qui tout en tenant son instrument à bout de bras d'une façon fort incommode, saute d'un pied sur l'autre en tournant tantôt à droite tantôt à gauche. Le meilleur danseur est celui qui exécute cette gymnastique dans un espace restreint en faisant faire à sa musique des volte-face subites sans accrocher le nez d'un spectateur. C'est la dans des ours.

Le maio se sert encore d'une petite musique qui se compose d'une lamelle de laiton que l'on fait vibrer sur les dents. Elle est connue en France sous le nom de guimbarde.

§ 4. — *Ses qualités physiques.* — *Ses travaux.*

Le mot *maio*, dans toutes les langues indochinoises, veut dire *chat*. C'est un surnom et aussi un terme de moquerie dans la bouche des annamites et des taïs quand ils rencontrent un maio. Il est difficile de mériter mieux son nom, car le maio grimpe comme un chat. Par des chemins dont l'escarpement nous force quelquefois à nous aider des mains et des genoux, on le voit s'avancer avec aisance en faisant lentement de grands pas, portant sur le dos une hotte pesant jusqu'à 30 kilogrammes. Sa résistance à la fatigue est très grande tant qu'il se maintient au-dessus de l'altitude de 800

Groupe de femmes Moïs du village de Tchamme Taô.
(D'après une photographie de M. Fiaut, sous-officier d'Infanterie de marine).

mètres. Au-dessous il se regarde comme en danger dans la saison chaude. A Nghia-lô, le sonng quoine maio vient au mois de mai prévenir le commandant du poste qu'il ne le reverra pas avant le mois de septembre à moins de circonstance exceptionnelle.

Comme nous l'avons vu, il est loin d'être aussi paresseux que le taï, qui souvent ne récolte que ce qui est nécessaire à sa subsistance. Il défriche la partie de montagne qu'il destine à la culture avec le plus grand soin. Après avoir abattu tous les arbres, il met le feu à la brousse et entretient le feu jusqu'à ce que tous les végétaux aient été transformés en cendres. Ensuite il retourne la terre et enfin il plante le maïs ou le riz de montagne en quinconce. Les soins qu'il donne à la terre lui permettent de garder très longtemps les mêmes champs. Quand la pente du terrain devient plus douce, il la transforme en un vaste escalier aux marches hautes de 50 centimètres environ. Il fait inonder ces marches par un ruisseau qu'il détourne. L'eau est arrêtée au bord de chacune d'elles par une petite digue. Il ne reste plus qu'à laisser l'eau engraisser la terre pendant quelques temps; puis repiquer le riz dans la terre pâteuse. On a ainsi ces rizières étagées qui sont d'un si bel effet sur le flanc des montagnes. On en trouve à Yi-tchoú-Fine, à une journée au N.-O. de Van-bou, jusqu'a 1.100^m d'altitude. Les plaines de Tu-lê et de Khaô-pha en présentent aussi de bien jolies.

§ 5. — *L'habitation.* — *La femme.*

La maison maio est bâtie sur un terre plein horizontal découpé dans le flanc de la montagne. Le toit est en paillottes ou en planches placées en forme de tuiles, les murs en pisé ou en planches disjointes, les portes en bois grossièrement taillé. On n'y trouve jamais de fenêtres, la lumière vient par les interstices qui sont entre les planches et par l'un des pignons, non fermé. C'est dans la construction de sa maison que le maio se montre le plus imprévoyant, si l'on songe qu'aux altitudes où il habite le froid est quelquefois très intense. A deux mille mètres d'altitude et par zéro degré de froid, nous avons vu se pressant autour du feu dans une mauvaise cabane en planches mal jointes, des petits enfants qui n'avaient pour tout vêtement qu'un court veston en toile.

Derrière la maison se trouve un petit couloir qui la sépare de la muraille en terre qui a été taillée dans la montagne; devant, une étroite vérandah où on loge les chevaux. L'intérieur d'une maison est généralement divisé en trois compartiments. Dans le premier se trouve le four avec les instruments de ménage, dans le second la famille se réunit autour d'un grand feu de bois allumé au milieu de la chambre, au-dessus duquel est suspendu un cadre en bambou où l'on met les objets que l'on veut faire sécher. Le troisième est la chambre à coucher de la famille : nous n'en avons jamais dépassé le seuil, mais ce n'est pas seulement par discrétion. Ce trou noir où sont entassés quelques couvertures en loques et quelques hardes est d'une propreté douteuse.

Devant la maison est l'étable à cochons, dont le plancher est suspendu au-dessus de la pente par des madriers. A côté se trouve souvent une petite cabane suspendue qui sert de magasin à riz ou à maïo.

La maison maïo n'est pas nue comme la maison taï : on y trouve des tables, des bancs, des lits de camp en bois, et toute espèce d'ustensiles de ménage et d'instruments de travail. Le plus intéressant à voir manœuvrer est le moulin à broyer le maïs. Il est composé d'une meule immobile au-dessus de laquelle tourne une meule destinée à écraser le grain. Celle-ci est actionnée par une manivelle articulée avec un système de bâtons horizontaux, qui aboutissent à une barre également horizontale tenue par quatre femmes. Par un va-et-vient donné à la barre elles impriment à la meule un mouvement de rotation. A Long-koung, dans un pays perdu au Nord de Tou-lê, nous eûmes l'occasion de voir moudre le maïs par quatre femmes de notables. C'étaient, ma foi, de beaux brins de filles. Le visage au teint animé par le travail était auréolé par un turban bleu, le petit veston ouvert en triangle laissait entrevoir à chaque abaissement du buste la gorge haletante pendant que le court jupon plissé ondulait gracieusement autour de leurs jambes nues.

Elles affectaient un grand sérieux en notre présence et regardaient vaguement devant elles, jusqu'au moment où nous leur eûmes fait traduire un compliment à leur adresse, qui amena de grands éclats de rire.

La femme maio se distingue de toutes les autres par la blancheur de sa peau et le timbre de sa voix qui est très élevé et d'une sonorité presque métallique. Sa bonne mine et l'ampleur de ses formes la font ressembler à une paysanne du bon pays de France.

En dehors des travaux du ménage, c'est elle-même qui tisse ses effets et ceux de sa famille, à l'occasion elle se transforme aussi en teinturière et en brodeuse.

§ 6. — *Notables et divisions administratives.*

Le nombre de familles qui composent un hameau maio (tchaille) dépasse rarement trois ou quatre. Le chef est en général le plus âgé ; il ne porte pas de titre particulier. Le petit hameau est presque toujours situé à côté d'un torrent dans lequel on prend l'eau en amont à l'aide de quelques bambous.

Quelquefois deux ou trois hameaux sont réunis sous les ordres d'un *mou lao* et ce groupe prend la même dénomination. Ainsi dans le village de Tou-sane, près de Tou Lê, il y a un *mou lao* de Tou-sane.

Tous les hameaux d'une vallée secondaire se groupent en un village dont le chef est un *sáio fail* et dont le sous-chef est un *sáio fao*. Quoique l'autorité de ces deux chefs s'étende sur toute la vallée, ils ont chacun un groupe qui est plus spécialement sous leurs ordres, comme celui du mou lao.

Tous les villages situés dans les vallées tributaires d'une rivière assez importante, comme le Ngôïl Hoúte qui passe à Tou Lê, sont réunis en une sorte de canton sous les ordres d'un *soung quoine*, qui a pour adjoint un *tsa thao*, mais chacun de ces deux chefs commande plus spécialement une partie du canton.

Enfin, il arrive quelquefois que plusieurs *soung quoine* se groupent dans le bassin supérieur d'une rivière importante comme le Phoú-yène. On les réunit alors sous les ordres d'un *thông lý* qui correspond à peu près au *thô laille* chez les taïs.

Tous les grades se donnent à l'élection et on commettrait une grossière maladresse en voulant imposer aux maios un chef qu'ils n'auraient pas choisi eux-mêmes. Il n'y a pas de réclamation à craindre ; mais une fois la récolte terminée, on est bien étonné un beau matin de voir le chemin se couvrir d'une longue file de maios portant leur hotte sur le dos. Ce sont les mécontents qui s'en vont chercher une terre plus hospitalière et un gouvernement où règne le suffrage universel. Hommes, femmes, enfants tout le monde a la hotte sur le dos portant, qui des hardes, qui le paddy, le maïs de la récolte, qui des volailles dans des paniers. Les cochons marchent devant chaque famille, tapottés avec une petite baguette en bambou et les échos de la montagne répètent « Ah hí ! ah hí ! ».

Le vieux Soung quoine du village Maio de Tchame Tao et ses enfants.

CHAPITRE III

AUTRES RACES DES HAUTES RÉGIONS

§ 1. — *Race Mueung ou Moï* (1).

Il y a bien peu d'années que l'on distingue les Mueungs des Taïs et même à l'heure qu'il est beaucoup de personnes confondent toutes les races des hautes régions sous la dénomination de Mueungs.

Or le mot mueung ne s'applique qu'à une race dont le chiffre de la population est bien inférieur à celui de la population taï. Cette race est confinée dans les deux tchaô de Ane Lape et de Thágne Seune et dans la province Mueung de Tchẹu Bêu dans la basse rivière Noire. On en trouve quelques ramifications dans le tchaô de Môk tchaô et dans le tchaô de Vanne Tcheune, à Dạille Lịc et à Nghĩa Lộ.

La race Mueung est-elle comme on l'a dit la race aborigène du Tonkin, qui après avoir donné naissance au peuple annamite, se serait retirée dans ses montagnes sans vouloir prendre part aux luttes des peuples de la plaine ?

Ces questions d'ethnographie acquièrent ici une difficulté presque insurmontable quand elles concernent des peuples qui n'ont pas d'écriture et qui ignorent leur histoire au delà de la deuxième génération. Un mueung de la vallée de Nghĩa-Lộ, et non des moins intelligents, sait que son père et son grand-père ont habité le village de Seune Bouk; mais il ne sait pas d'où est venue sa famille, dont le berceau est très probablement le tchaô de Ane Lape.

Ce que nous savons, c'est que la langue mueung n'a aucun rapport avec la langue taï, tandis qu'elle est farcie de mots annamites purs ou légèrement altérés par une prononciation différente.

Le mueung est plus courageux, plus intelligent, et plus facile à plier à nos usages que le taï, mais il est aussi plus astucieux et moins honnête. Le costume de l'homme ressemble à celui du taï mais il est en général de couleur blanche; celui de la femme ne diffère guère do celui de la femme Taï que par le veston qui est ouvert en triangle sur la poitrine laissant voir la naissance des seins et le turban, qui est un simple mouchoir carré noué sur la tête.

En résumé, sans faire intervenir aucune question d'origine, au point de vue du caractère, de l'intelligence et des mœurs, le Mueung tiendrait le milieu entre le Taï et l'Annamite.

§ 2. — *De la race mảne ou yảo*

La race *mảne* ou *yảo* (2) est originaire de la province chinoise de Quang-dõng ou Canton. On suppose qu'elle a pénétré au Tonkin il y a trois cents ans. Ses premières agglomérations ont dû avoir lieu sur les pentes du Mont Bavy, dans la province de Seune-taï. Leur grand chef y a encore sa résidence et ceux qui habitent le tchaô de Vanne-

---

(1) Les annamites les appellent souvent Moï (sauvage) mais on comprend que cette expression ne flatte pas ceux auxquels elle s'adresse. Aussi préfèrent-ils être appelés mueung.

(2) Le 1er est le mot annamite, le 2e est le mot taï et chinois.

tcheune paient toujours l'impôt à la Résidence de cette province. Dans ces dernières années, nous avons vu se créer un autre centre yăo important autour du poste de Trail-hoúte. Il est à remarquer que, dans cette circonstance ils ont abandonné leurs altitudes élevées ordinaires pour échelonner leurs villages sur les ondulations de terrain qui bordent le fleuve Rouge.

Les mánes connaissent les caractères chinois et fabriquent eux-mêmes leur papier à écrire. Leur culture intellectuelle est bien supérieure à celle des maios. Ils ont une langue spéciale à leur race et parlent le quoine hôa avec les étrangers.

Ils sont beaucoup plus courageux que les maios, et lors de la conquête du Thagne-hôa-Dạo nous avons eu maintes fois à éprouver leur résistance lorsque nos soumission-naires actuels Dŏng-phoúk-Thagne et Lý-you-Kine nous attendaient en couronnant les pentes d'un col. A l'heure qu'il est, nos colonnes apprécient les services qu'ils nous rendent en traquant les pirates qui commettent la maladresse de s'isoler du reste de la bande. Malheureusement, leur fierté naturelle et leur caractère un peu sauvage ont toujours été un obstacle à leur enrôlement dans nos troupes indigènes. Notre avis est que la tentative aurait des chances de réussir si elle était conduite avec prudence.

Comme chez les maios, les maisons sont bâties à flanc de coteau. Elles ont le même aspect mais sont plus propres. Elles sont perchées moins haut que chez ces derniers; les mánes ne dépassent guères 600 mètres d'altitude.

Au lieu de travailler la terre comme le maio, le yăo se contente de mettre le feu à la brousse et de couper les arbres qu'il laisse sur place. Il sème le riz ou le maïs en faisant des trous avec son couteau un peu au hasard entre les troncs d'arbres laissés dans son champ. Au bout de trois ans de cette culture rudimentaire, la terre est épuisée. Que fait-il? L'idée ne lui vient pas de la fumer ou de la retourner profondément. Il l'abandonne et va incendier la montagne voisine pour la mettre en culture à son tour. On voit souvent des rizières qui sont à une journée de marche du village. Aussi les travailleurs ne rentrent-ils pas chez eux tous les jours à l'époque des travaux. Une petite cabane construite au milieu du champ, les abrite pendant la nuit.

Parfois, lorsque le village ne trouve plus de bon terrain aux environs, il se déplace et va s'établir à trois ou quatre journées de marche.

Nous ne connaissons pas d'exemple de mánes cultivant des rizières de plaine.

Le costume des yaos est en toile noire pour les hommes comme pour les femmes. L'homme porte une grande chemise de même coupe que celle de l'annamite mais un peu moins longue, le pantalon est le pantalon large des Annamites et des Taïs.

La femme porte une tunique tombant au-dessus des genous avec des broderies sur la poitrine, au cou, aux poignets et dans le dos en forme de carré. Le pantalon noir porte également une broderie dans le bas. Le costume est complété par un collier et des bracelets en argent.

Les différentes races de mánes sont les suivantes:

1º les *mánes sùng* ou *yăo* (1) *khaó* (2) (mánes à cornes) qui tirent leur nom de la coiffure de leurs femmes: elle se compose d'une galette de cire qui est collée sur le sommet de la tête et sur laquelle vient s'emboîter une sorte d'armature très légère en bambou, large de cinquante centimètres, sur laquelle on tend une étoffe rouge. La femme coiffée de cette façon à l'air d'avoir deux cornes rouges. De là le nom de la race.

---

(1) Máne est le mot annamite, yăo est le mot taï.
(2) Corne se dit sùng en annamite et khaó en taï.

Les chinois les appellent *têne pâne*. On les appelle aussi quelquefois les *sá khaô*.

Les mánes du chef Dông-phóuk-Thagne qui occupe le massif montagneux au N.-E. de Tóu-lộ et de Ly-yóu-Kine, près de Nghĩa-lộ, sont des mánes sùng;

2° Le *mánes kao lane* (haut étage), qu'on appelle aussi *máne sane tang* ou *máne sá hộ*. Les habitants de Soúoille bạô et et Soúoille yãng dans les montagnes de Nghĩa-lộ sont de cette race;

3° Les *mánes làne têne* (teinture noire), dont le nom vient de la couleur de leurs effets;

4° Les *mánes tiêne* ou *yão taio tchaîne* (1), qui ont des sapèques cousues sur leurs effets;

5° Les *mánes quoènne trăng*, qui portent des patalons blancs.

§ 3. — De la race Sá.

La race *sá* est la plus misérable que nous connaissions.

Son costume est fait avec la même toile noire que celui des yaos, mais l'homme porte un veston au lieu du vêtement long. La femme porte les mêmes broderies sur ses effets, mais ils sont toujours si sales qu'on en arrive à se demander s'ils ont jamais été neufs. Ses bijoux sont en cuivre. L'homme ne porte ni chapeau ni turban. Ses cheveux sont roulés en un chignon crasseux.

Le sá n'a ni écriture ni culture intellectuelle d'aucune sorte. Il n'y a qu'une race sá qui aît une langue à elle, c'est celle des têng, comme nous le verrons plus loin. Les autres parlent le taï.

Il habite à la même hauteur que le máne et cultive la rizière de montagne comme lui, mais sa maison est sur pilotis comme celle du taï. Il est même difficile de distinguer une maison sá d'une misérable maison taï.

Le signe caractéristique auquel on reconnaît cette race est dans la façon de porter un fardeau. L'Annamite porte le fardeau sur l'épaule à l'aide d'un fléau aux deux extrémités duquel est répartie la charge. La femme porte son enfant à cheval sur sa hanche.

Le taï porte la charge comme l'Annamite, mais la femme taï porte son enfant à cheval sur les reins et soutenu par une pièce d'étoffe qui vient se nouer sur le cou.

Le maio porte la charge dans une hotte ou sur un crochet de commissionnaire attaché aux épaules par deux brassières. La femme porte son enfant attaché par derrière, non plus à cheval mais emmaillotté et les jambes réunies. On le maintient même dans cette position quand il est couché sur un lit.

Le máne porte comme le maio.

Quant au sá, il porte aussi sa charge dans une hotte placée sur le dos; mais cette hotte est soutenue par une corde qui prend son point d'appui sur le front. La femme porte son enfant dans une ceinture dont les deux bouts viennent s'attacher aussi sur le front.

Les différentes races sás sont les suivantes :

1° les *sas Kạô*, (2) dont les femmes portent le chignon droit sur le côté gauche de la tête comme les femmes taïs mariées;

---

(1) Tiône, en annamite, veut dire monnaie de sapèques. Yão taio tchaîne, en taï, veut dire máne qui porte des sapèques.

(2) Kạô, chignon élevé des femmes.

2º Les *těng*, dont nous avons rencontré des spécimens dans le tchaô de Maille-seune ; leur nom viendrait du mot *těng*, au-dessus, parce qu'ils se tiennent comme altitude un peu au-dessus des taïs. Ce sont les seuls chez lesquels nous ayons découvert une langue leur appartenant en propre et, chose singulière, c'est la seule langue de l'Extrème-Orient où on trouve l'*r* prononcé fortement comme dans les langues euro-péennes. Ainsi deux se dit *Kobarre*, cheval se dit *mbran*, poulet se dit *irre*, etc.;

3º Les *sá Kaie* ou *sá gnnane ;*

4º Les *sá souảc*, qui ont cette particularité singulière de *boire de l'eau de vie par le nez.*

Pour donner une idée de l'indifférence des sás à tout ce qui les entoure, citons le village sá kạô de Bạne Tchêne, situé à trois heures et demie de marche de vane Boú. Le chef de ce village, âgé de cent ans, nous a affirmé qu'il n'était jamais descendu au chef-lieu. Comme nous lui demandions si l'impôt de son village était très élevé, il nous répondit qu'il était de quinze sous par an. Voulant lui laisser un bon souvenir de notre passage, nous lui offrîmes le montant de l'impôt de son village pour l'année 1894. Voilà ce qui peut s'appeler faire de la popularité à prix réduit.

FIN DE LA PREMIÈRE PARTIE

Groupe de Malos du village de Yi Tchou Fine, près Vane bou.
(D'après une photographie de M. le lieutenant Véron, de l'Infanterie de Marine)

DEUXIÈME PARTIE

ÉLÉMENTS DE GRAMMAIRE TAÏ

CHAPITRE PREMIER

PRONONCIATION ET INTONATION

§ 1er. — *De la prononciation.*

Dans les éléments de grammaire taï, qui font l'objet de la IIe partie, le texte taï est écrit d'après la même règle que les mots annamites dans notre *Méthode d'Enseignement mutuel franco-annamite*, c'est à dire que *chaque mot taï est écrit comme un mot français qui se prononcerait de la même manière.* Cependant toutes les consonnances de la langue que nous étudions n'ayant pas leurs correspondantes exactes dans la langue française, il est nécessaire d'énoncer quelques règles conventionnelles. A savoir :

1° Prononcer toujours l'*h* fortement aspirée, soit au commencement d'un mot, soit après un *t* ou un *k*. Exemple :

Hạ, cinq. Thauille, assez.

Khaine, bras.

2° Prononcer la nasale *ng*, à la fin des mots, comme les méridionaux dans le mot *long*.

Au commencement des mots, cette consonne double n'a pas de correspondante en français. Aussi l'Européen aura-t-il besoin d'une certaine gymnastique du gosier pour arriver à la prononcer. Elle consistera à essayer de dire : *na, ne, ni, no, nu, nou*, en mettant son doigt sur la langue pour l'empêcher de participer à cette prononciation. On sera tout étonné de donner malgré soi les sons : *nga, nge, ngi, ngo, ngu, ngou*. Exemple :

Mŭng, tu, toi. Ngámme, penser.

Fäng, entendre. Ngoŭa, bœuf.

3° Prononcer la consonne *tch*, comme beaucoup de payans en France prononcent *thi* dans *Mathieu*, ou *ti* dans *tien*. On prononce ainsi *tcheu* et *tchen*, mais sans laisser au *ch* toute sa dûreté. Exemple :

Tchaille, bouteille. Tchanne, beau.

Tchịa, papier. Tchù, oui, c'est juste.

4° Prononcer l'*y*, initial comme s'il était renforcé d'un *i*. Exemple :

Yoù, rester.

Yête, faire.

5° Prononcer longues toutes les voyelles ou diphtongues suivies d'une seule consonne ou qui ne sont suivies d'aucune consonne, et brèves, toutes les voyelles ou diphtongues suivies d'une consonne double ou surmontées d'un croissant placé horizontalement. Exemple :

Li, bon, tranquille.
Lou, regarder.
Hueŭne, maison.

Hanne, là.
Láck, loin.
Lăng, après.

6° Prononcer les diphtongues *ai*, *aie*, en ouvrant largement la bouche, comme pour les faire suivre d'un *r* prononcé très faiblement, à la créole. Prononcer au contraire l'*ê* en ouvrant très peu les lèvres, comme dans le mot français *même*. Exemple :

Tcháipe, bon à manger.
Kaïme, près de.

Tchêpe, mal, malade.
Kême, salé.

7° Prononcer l'*o* (sans accent circonflexe) en ouvrant la bouche comme pour prononcer l'*o* de *carotte* ou de *parole* et l'*ô* au contraire en arrondissant les lèvres comme pour prononcer *môme*. Exemple :

Lôme, sentir.
Mône, bleu.

Lóne, blanc.
Mone, oreiller.

8° Il est bien entendu que l'*e* muet final ne se prononce pas plus qu'en Français. Exemple :

Mouone, agréable.

Nàmme, cau.

9° Les diphtongues *aille*, *oille*, *auille*, *oaille*, *ouille*, *ouoille*, *oueille*, *euil*, *uœil*, se prononcent toujours longues, tandis que *aï* et *eï* se prononcent brèves. Exemple :

Laille, beaucoup, très.
Ngaille, facile.
Khoille, je, moi.
Oille, miel.
Thauille, assez.
Koäille, buffle.
Pîte souille, pousser.

Meŭil, inviter.
Uœil, sœur aînée.
Taï, allumer.
Teï, Européen.
Koueï, panier grossier.
Souóille, laver une partie du corps ou un
Paï, aller.
[objet.

Exercice de prononciation

Uœil khoille tchêpe laille.
Mŭng kine nàmme oille tcháipe laille.
Khaine mŭng oúeille laille, mŭng tchù paï souóille.
Mŭng făng báô?
Khoille mî mone lóne.
Yóu hanne mî ha huéune tchanne laille·
Huéune khoille yóu láck laille.

Sœur aînée moi malade très.
Tu manger cau miel bon-à-manger très.
Bras toi sale très, toi il faut aller laver.

Toi entendre non ?
Je avoir oreiller blanc.
Là, il y a cinq maisons belles très.
Maison moi être loin très.

- 31 -

§ 2. — *De l'intonation*

Comme dans toutes les langues monosyllabiques, les mots taïs sont affectés d'intonations variées, qui ont une grande importance, puisque le même mot intoné différemment peut avoir une signification toute autre. Cependant tous les Européens qui ont essayé de parler cette langue ont pu remarquer que les taïs ont l'oreille beaucoup plus indulgente que les annamites pour les fautes d'intonation dont nous savons si bien émailler nos discours.

On distingue dans la langue taï cinq tons seulement (au lieu de six qui existent dans la langue annamite). Ce sont :

1° Le *ton ascendant*, qui se prononce en élevant la voix jusqu'à la note la plus haute que l'on émette sans aucun effort.

Nous le représenterons dans l'écriture par un accent aigu placé au-dessus de la voyelle ou de l'une des voyelles de la syllabe (1). Exemples :

Cóne, avant.   Baò, non.
Khó, pauvre.

Lorsque ce ton est bref, un croissant est placé horizontalement sous l'accent aigu, ou bien la consonne suivante est répétée. Exemple :

Sáppe, poursuivre.   Păng, payer, rendre.
Sáck, piquer.

Enfin, dans la langue des taïs noirs que nous étudions spécialement, pour prononcer certains mots, on arrête brusquement le ton ascendant comme sous le coup d'une émotion. Ces mêmes mots se prononcent, en taï blanc, en laotien et en siamois, comme si la voyelle était suivie d'un *c*. Nous verrons d'ailleurs, en étudiant l'écriture taï, que ce *c* est représenté après la voyelle par la consonne taï correspondante, le tô ko.

C'est pour ces raisons que, dans notre écriture en caractères français, nous représenterons le *ton ascendant arrêté*, indépendamment de l'accent aigu, par un *c* placé après la voyelle ; nous réservant d'employer la lettre *k*, à la fin des mots lorsqu'elle devra se prononcer en taï noir. Exemple :

Thúc, il faut.   Lĕk, fer.
Bóc, dire.   Thoúk, essuyer.
Mác, fruit.

2° Le *ton moyen*, qui se prononce dans le ton le plus ordinaire de la voix, s'indique dans l'écriture par l'absence d'accent d'intonation. Exemple :

Fone, chaux.   Kine, manger.
Sao, chercher.   Kou, moi (du supérieur à l'inférieur).
Aô, prendre.

Comme pour le ton ascendant, lorsque le ton moyen est bref, un croissant est placé horizontalement au-dessus de la voyelle, ou bien la consonne qui suit est répétée. Exemple :

Patte, attraper.   Năng, peau.
Tamme, piler.   Sack, laver du lingne.

---

(1) Si nous avons employé ici quatre des signes dont on se sert en quôc ngũ pour l'intonation, il ne faudrait pas en déduire qu'ils aient la même valeur qu'en annamite. Les tons annamites et les tons taïs ne sont pas les mêmes comme on peut s'en rendre compte d'après les distinctions ci-dessus.

Le ton moyen peut aussi être *arrêté* comme le ton ascendant. Dans ce cas, toutes les observations faites ci-dessus sont applicables. Exemple :

Koc, arbre.
Lac, tirer.

Viac, affaire, travail.

3º Le ton *élevé infléchi*, qui se prononce en émettant une note élevée et en l'infléchissant légèrement. Il sera représenté par le signe (⌣) placé au-dessus de la voyelle. Exemple :

Mã, venir.
Mũ, main.

Mãnne, lui, il.
Mĩ, avoir.

4º Le ton *moyen infléchi*, qui se prononce en émettant une note moyenne et en l'infléchissant jusqu'au ton guttural.

Il sera représenté par un accent grave placé sur la voyelle. Exemple :

Hoù, connaître.
Hòne, chaud.
Fà, le ciel, il fait.

Mù, jour.
Nì, celui-ci.

5º Le ton *guttural*, qui se prononce en donnant dans la note la plus basse de la voix, deux émissions de voix séparées par un petit intervalle (1).

Il sera représenté par un point placé sous la voyelle. Exemple :

Ine, s'amuser, jouer.
Khạô, riz.
Nị, ici.

Laï, pouvoir.
Sụa, veste, habit.

On peut faire saisir d'une façon très claire la valeur des cinq tons de la langue taï en les représentant graphiquement. Pour cela, traçons une portée musicale, dont les trois tranches horizontales correspondraient aux trois tons principaux de notre voix. Convenons maintenant de représenter :

1º Par un trait horizontal placé dans l'une des tranches, une émission de voix qui, sans monter ni descendre, ne se composerait que d'une seule note de musique tenue dans le ton correspondant à cette tranche ;

2º Par une courbe ascendante d'une tranche à une autre, une émission de voix ascendante d'un ton à un autre ;

3º Par une courbe descendante d'une tranche à une autre, une émission de voix descendante d'un ton à un autre.

Ces conventions étant admises, d'après la définition donnée ci-dessus, les cinq tons seront représentés de la façon suivante :

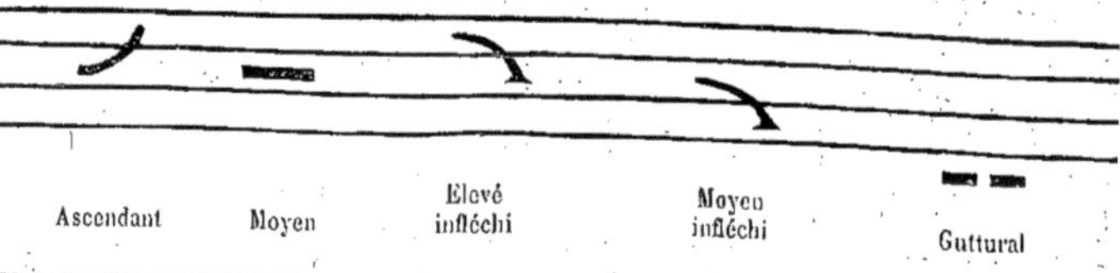

(1) Le ton guttural se prononce quelquefois en partant du ton grave pour remonter la voix jusqu'au ton moyen.

Exercices d'intonation

Mŭng mā nị, kou bóc.	Toi venir ici, moi dire.
Khọille païkine khạô.	Je aller manger le riz.
Mŭng thúc yête viâc.	Toi il faut fàire travail.
Khọille sáppe mănne, báô patte lại.	Je poursuivre lui, ne pas attrapper pouvoir.
Mù nị, fà hône laille.	Aujourd'hui, il fait chaud très.
Sụa nị ouéil laille, mŭng tchù païsack mănne.	Veste-ci sale très, tu il faut aller laver elle.
Mŭng païaô mác.	Toi aller chercher fruits.
Khọille païịne.	Je vais m'amuser.
Kóne, mŭng tamme khạô.	Avant, toi piler le riz.
Yoú nị mĩ fone báô ?	Ici, il y a de la chaux, non ?
Khọille báô hoù.	Moi ne pas savoir.
Khọille khó laille, báô păng lại.	Moi pauvre très, ne pas payer pouvoir.

CHAPITRE II

DE L'ARTICLE ET DU SUBSTANTIF

§ 1.

Avant d'entamer l'étude des différentes parties du discours, il importe de poser cette règle fondamentale que *les mots taïs sont invariables.* Le corollaire de cette règle est que l'on rencontre souvent un substantif, un verbe, un adjectif, un adverbe, etc.,... représentés par un même mot, quand ils répondent à la même idée.

Exemples de mots employés comme substantif et verbe :

Bi, éventail, éventer.	Hápe, charge d'un homme, porter.
Keune, livre, balance, peser.	Hó, paquet, envelopper.
Kouôk, pioche, piocher.	Ôte, bouchon, boucher.
Kiéo, faucille, moissonner.	

Exemples de mots employés comme substantif et adjectif :

Pĩ, graisse, gras.	Nöille, peu, petit.
Khoune, fumier, trouble (eau).	Túpe, brousse, verdoyant.
Maie, mère, femelle.	

Exemples de mots employés comme verbe et préposition :

Toïlle, suivre, suivant.	Kaille, passer, à travers.
Haẹu, donner, à, pour.	Yoú, être, à.
Hote, arriver, jusqu'à.	

Exemple de mot employé comme verbe, adjectif et adverbe :

Haïng, vivre, fort, fortement.

Exemples de mots employés comme adjectif et adverbe :

Hàille, mauvais, mal.	Maéu, nouveau, de nouveau.
Láck, intelligent, loin.	

Exemples de mots employés comme verbe et conjonction :

Hiac, appeler, que.

Tchù, falloir, oui, si.

Vaï, placer, pour.

Exemples de mots employés comme substantif et adverbe :

Lạ, la fin, tard.

Nạ, figure, devant.

Exemples de mots employés comme substantif et conjonction :

Sueŭng, manière, si.

Yóng, espèce, comme.

Exemple de mot employé comme adjectif, préposition et adverbe :

Tĕng, tout, pendant, sur.

Exercice.

Tchù paï aô mac kiéo, vàï kiéo khạô.	Il faut aller chercher des faucilles, pour moissonner le riz.
Tô mou nì pï laille, mï saõ keunne pï.	Ce cochon-ci gras très, avoir vingt livres (de) graisse.
Aô khạng keunne vàï keunne tô mou maie.	Prends la balance pour peser la truie.
Yoú Bạne Boú, mï laille túpe.	A Vane Bou il y a beaucoup (de) brousse.
Tăng nì túpe.	Chemin-ci (est) verdoyant.
Tchù yête sueŭng nì.	Il faut faire (de) cette manière-ci.
Sueŭng mŭng paï same yáng maéu; mŭng taille.	Si tu marches trois pas encore, iu (es) mort.
Maie mŭng yoú hueŭne báô?	Mère toi (est) à la maison, non?
Maie khọille tchăng paï.	Mère moi vient de partir.
Paï hiac mănne, kou aie hạeu mănne baeu bi nung.	Va appeler elle, je veux donner (à) elle éventail un.
Aô tĕng kouôk yête song hó.	Prends toutes les pioches faire deux paquets.
Mŭng hápe paï toïlle kou.	Toi, portes (les) suivre moi.
Ạille paï Jáck baô?	Monsieur, (vous) allez loin non?
Kou paï hote hueŭne.	Je vais jusqu'à la maison.
Anne nì náck laille, khọille báô paï lạï maéu.	Ceci (est) lourd très; je ne pas marcher pouvoir encore.
Nòille nung maéu, hote.	Peu un encore, arriver.

§ 2

L'article ne s'emploie pas en taï devant les substantifs pris dans le sens partitif, c'est-à-dire précédés en français de l'article indéfini *de, du, des,* etc... Exemple :

Mŭng paï tátte gnạ.	Toi, va couper de l'herbe.
Khãï nãï soŭme khọille paï kine khạô.	Maintenant nous allons manger du riz.
Mù nì khọille mï kine lạô laille.	Aujourd'hui j'ai bu du vin beaucoup.
Fọu sao paï táck nàmme.	La jeune fille va puiser de l'eau.
Fọu guŭng paï aô loua.	La femme va chercher du bois.
Soŭme bạ mï mite baô?	Vous avez des couteaux, non?

§ 3

Dans le langage courant, on supprime aussi l'article lorsque le substantif est assez bien déterminé par le sens de la phrase. Exemple :

Khọille táck nàmme, vái souóille mū.	Je puise (de l') eau, pour laver (les) mains.
Mănne paï hueūne yame po maie.	Il va (à la) maison voir (son) père (et sa) mère.
Nàmme fòte lăio.	L'eau bout déjà.
Mà khong kou tchêpe.	(Le) cheval (de) moi (est) malade.

§ 4.

Il y a en taï deux articles principaux qui sont :

Khạng, pour les choses inanimées ; *tô*, pour les animaux.

Exercice.

Khọille hêne khạng hueūne khong quoine phoú.	Je vois la maison du quoine phòu.
Khạng bóc nànne laing.	Cette fleur là (est) rouge.
Yóu taçu lane mĩ song tô koãille.	Sous l'étage, il y a deux buffles.
Ême khọille sù tô baie nung, song tô kãï.	Mère moi (a) acheté chèvre une (et) deux poulets.
Khọille mĩ kine same tô pête.	J'ai mangé trois les canards.
Tô tchàng mĩ khạng tine gnáeu laille.	L'éléphant a le pied gros très.
Tô kouang taille.	Le cerf (est) mort.
Tô mãio kine tô nou.	Le chat mange le rat.
Tô lĩng khùnc mài.	Le singe grimpe (à l') arbre.
Mănne ngĩne sièng tô sua hòng.	Il entend (la) voix du tigre crier.
Fọu sao mĩ sù daunlle nòk ku kaie.	(La) jenne fille a acheté (une) paire (de) pigeons.
Tô nòk bine láck làile.	L'oiseau voler loin très.
Mănne aô song tô hánc khạð kang kouang.	Il apporte deux les oies entrer (dans) la cour.
Khọille mĩ gnõmme tò ngõu nung.	J'ai écrasé le serpent un.
Gnoũng khòpe tô koãille.	(Les) moustiques mordent le buffle.
Yóu kouong nã mĩ tô koụng laillé.	(Etre) dans (la) rizière il y a (des) crevettes beaucoup.
Khọille áie kine gnúa ngoũa.	Je veux manger (de la) viande (de) bœuf.

§ 5.

Quand on veut distinguer le sexe des animaux, on fait suivre le nom de l'animal des mots : *théuck*, pour les mâles ; *maie*, pour les femelles adultes.

Pour désigner les petits, on fait suivre le nom de l'animal du mot *nòille*, petit.

Exercice.

Mŭng tchoŭng tô ngoŭa maie khạô khouang.

Toi, mène la vache entrer (dans) l'étable.

Khọille mĭ khạ tô kouang maie nung.

J'ai tué la biche une.

Ane gnã mĭ tô mả theŭck nung, song tô mả maie.

Le quoine tchaô a le cheval un, (et) deux (les) juments.

Kouang lôk kái, khọille hêne hạ kái tóne kạô kái maie.

Dans (le) poulailler, je vois cinq cops (et) neuf poules.

Tô ngoŭa nôille paï tôille maie mănne.

Le veau suit mère lui.

Khọille liễng tchête tô mou nôille.

Je nourris sept petits cochons.

Mănne mĭ song tô ngoŭa sú.

Il a deux (les) génisses.

§ 6. — *Des numéraux.*

Il existe en taï plusieurs catégories d'objets qui exigent l'emploi d'un numéral spécial, qui se place devant le substantif et joue le rôle d'un article. Les numéraux les plus usités sont les suivants :

Bạ, individu, gars, garçon ; numéral des individus jeunes ou pour lesquels on n'a pas beaucoup d'égards.

Baeu, feuille ; numéral des feuilles et de tous les objets arrondis et plats, tels que les plateaux, chapeaux, etc.

Bạng, tuyau, tube ; numéral des objets de cette forme et des bateaux qui sont très allongés dans la Rivière Noire.

Bóc, fleur ; numéral des fleurs.

Kang, espace ; numéral des choses qui représentent un certain espace de terrain ou de temps tels que maison, chemin, vérandah, cour, le jour, la nuit, etc...

Fọu, individu ; numéral des êtres humains.

Fa, couvercle ; numéral des choses qui ferment ou qui couvrent, telles que couvercle, cloison, paume de la main, etc...

Fiễn, tour ; numéral des tours de garde ou de service.

Fune ; numéral des objets tissés, tels que : habits, couvertures, matelas, nattes, filets, etc...

Hạô, tubercule ; numéral des tubercules.

Khamme, bouchée ; numéral des bouchées.

Khappe, éclat ; numéral des coups de fusils, de canon, etc...

Kic ; numéral des bateaux de toute espèce, et des objets qui se comptent par paires tels que souliers, nattes, boucles d'oreilles, etc...

Koc, plante ; numéral des plantes et des arbres vivants.

Kóc, pipe ; numéral des pipes de tabac ou d'opium, des cigares, cigarettes, etc...

Kŏne, homme ; numéral des individus, enfants, coolies, domestiques, etc.

Lămme ; numéral des objets de forme allongée, tels que bois de construction, fusils, colonnes, bras ou jambes, etc...

Louóng ; numéral des astres et de certains objets arrondis tels que marmites, plateaux, arbalètes, pousses de bambous.

Mac ; numéral des instruments en métal munis d'un tranchant ou d'une pointe, tels que : couteaux, sabres, lances, vis, charrues, hameçons, etc...

Mác, fruit ; numéral des fruits, des légumes dont la fonne est arrondie et de tous les objets en forme de boule tels que : œufs, etc...

Maï, bois ; numéral des bambous et des bois de construction.

Nôk, oiseau ; numéral des oiseaux.

Pác, battant ; numéral des portes et fenêtres.

Pappe, tome ; numéral des livres.

Pièng ; numéral des planches.

Pouong ; numéral des claies, cloisons, etc...

Tchaô ; numéral des pièces d'étoffe.

Tône, morceau ; numéral des morceaux.

Exercice

Bạ nì baô hoù sang.

Baeu koúpe nì aịlle sù to laeu ?

Quoiné mĩ bạng ồng rỗme nung.

Kouang souoné mĩ laille bóc ngãie.

Mũng fẹo kang khouáng.

Hueŭne nì mĩ kang saue gnaéu laille.

Kang vêne mãnne paï nône, kang kũne mãnne yête viac.

Fọu sao tồk sia koúk hou nung.

Mù nì tchù yête fa hueŭne.

Kũne nung mĩ hạ fiẽne kaing.

Mũng sack fune sụa nì, kou noung fune naẽu.

Mũng paï tchèu sù keuné nung manne taï ; sípe nung hạô home kipe sãо hạ hạô home boúa.

Vãï hạcu khọille kine same khamme khạô.

Mãnne bãine tchête khappe ồng khạô bia.

Aịlle mĩ dauille hãille nung, khọille mĩ kic nung ló.

Aịlle khảille kic fouc nung to laeu ?

Gnã Nuéuck mĩ pãnne nung kic hũa tàô.

Aịlle mĩ si kóc kouçil kóc mouãng nung.

Aịlle hạcu khọille kóc quoĩnne nung hámme tchia.

Fọu háne mĩ kine tchête kóc quoĩnne yàng.

Ce garçon-ci ne comprend rien.

Ce chapeau-ci, vous acheter combien ?

Le mandarin a une longue-vue.

Dans le jardin il y a beaucoup de fleurs d'oranger.

Toi, balayes la cour.

Cette maison ci a (une) vérandah très grande.

Le jour il va dormir, la nuit il travaille.

La jeune fille (a) perdu une boucle d'oreille.

Aujourd'hui il faut faire la cloison.

(Dans) une nuit il y a cinq tours de veille.

Toi, laves cet habit-ci, je mets l'autre.

Toi, vas (au) marché acheter livre une (de) pommes-de-terre, dizaine une (de) gousses (d') ail (et) vingt-cinq oignons.

Laissez-moi manger trois bouchées (de) riz.

Il tire sept coups (de) fusil entrer (dans la) cible.

Vous avez paire (de) souliers une, j'ai un (soulier) seulement.

Vous vendez une natte une combien ?

L'Etat a millier un (de) bateaux à vapeur.

Vous avez quatre bananiers (et) un manguier.

Vous, donnez moi pipe tabac une rouler papier (une cigarette).

Le chinois a fumé sept pipes d'opium.

Paï aô toung quoïnnç mã oúte quoïnnë baeu.

Aïlle mĩ kị kŏne louç?

Khọille mĩ hạ kŏne, song kŏne tchãille, same kŏne gnĩng.

Kou liễng same kŏne tchaeu. Bạ nì tchàne laille.

Kũne nì hêne louóng buéune laille louóng laô hoũng laille.

Pi nì báô mĩ khạô, hũ sáô kine laille louóng no.

Huễuue nì mĩ hòille nung lãmme mâï, huễune naễu mĩ kị lãmme?

Líng nung báic song lãmme ồng.

Mũng aô mac mite mã tàtte gnạ.

Mãnne mĩ sù same mac thâï.

Khọille khụne kóc kiạng, aô nòille mác.

Paï sù sí múc sáï káï.

Soúme bạ aô mite paï tàtte same sípe màï sáng.

Mù ngõi kou báine taille nôk kòte nung.

Huễne nànne mĩ song pác tou.

Po khọille haẹu song pappe sú.

Sèu mâï pão piềng paíne nung.

Mũng paï aô mâï sáng yête pouóng fá nung.

Kou sù hạ tchaô loùa song tchaô faìllle.

Mãnne aô mã tóne nung gnúa ngoũa.

Vas chercher la pipe pour fumer du tabac (en) feuilles.

Vous avez combien d'enfants?

J'ai cinq individus, deux garçons (et) trois filles.

Je nourris trois domestiques. Ce garçon-ci (est) paresseux très.

Cette nuit voir la lune (et) beaucoup (d') étoiles brillantes très.

Cette année-ci il n'y a pas de riz, alors on mange beaucoup (de) pousses de bambou.

(Dans) cette maison-ci il y a cent pièces (de) bois, l'autre il y a combien (de) pièces?

Soldat un porter deux fusils.

Toi, prends (un) couteau pour couper l'herbe.

Il a acheté trois charrues.

Je grimpe (dans) l'oranger, prendre quelques oranges.

Vas acheter trois œufs (de) poule.

Vous autres, prenez (vos) coupe-coupe (pour) aller couper trente bambous mâles.

Hier j'ai tiré mort (tué) perdrix une.

Cette maison-là a deux portes.

Père moi m'a donné deux livres.

Le charpentier rabote planche une.

Toi, vas chercher des bambous pour faire cloison une.

J'(ai) acheté cinq pièces de soie (et) deux pièces de cotonnade.

Il apporte morceau un (de) viande (de) bœuf.

§ 7. — *Des substantifs composés.*

Avec *anne*, chose, on forme les substantifs composés suivants :

Anne taillé, la mort.

Anne mouone, la joie, etc.

Avec *dŏ*, affaires, on forme :

Dŏ kine, le manger.

Dŏ sụa souọng, (affaires, habit, pantalon), les habits, les effets, etc.

Avec *fáipe*, loi, coutume, on forme :

Fáipe ya, la médecine, etc.

Avec *louõng*, dimension, on forme :

Louõng hī, la longueur.

Louõng kouạng, la largeur.

Louõng soung, la hauteur, etc.

Avec *pòng*, on forme :

Pòng khaine, l'une des parties du bras.

Pòng kha, la cuisse.

Pòng kaïng, la jambe.

Avec *poume*, ventre, cœur, on forme :

Poume tàie fueúng, la franchise.

Poume lo lắng, l'inquiétude, etc.

Avec *sãille*, maître, on forme :

Sãille tchãille, le bonze.

Sãille mo, le prêtre taï.

Sãille bóc áipe, le maître d'école.

Sãille ya, le médecin.

Sãille thông, l'interprète, etc.

Avec *sèu*, ouvrier, on forme :

Sèu màï, le charpentier.

Sèu ngeũne, l'orfèvre.

Sèu lêk, le forgeron, etc.

Avec *tchuẽung*, affaires, on forme les même mots qu'avec dỗ :

Tchuẽung paï tắng, (affaires aller chemin), bagages, etc.

Avec *viac*, affaire, ouvrage, travail, on forme :

Viac kã khãille, (affaire, commerce, vendre), commerce.

Viac quoine (affaire, mandarin), service, etc.

Exercice.

Mũng aô dỗ kine mã nị.

Ông nị hoù fáipe ya.

Khạng yueũng nị louõng hī lại hạ thuác, louõng kouạng sí thuác, louõng soung thuác ñung.

Kỗne ñí bảỗ mĩ poume tàie fueúng.

Ếme khọille tchêpe laille ạille paï hiac sãille ya.

Mũng paï bóc sèu ngeũne yète póc khaine hạeu kou.

Paï pátte sí kỗne fou mã hàme tchuẽung paï tắng.

Kỗne nị yète viac kã khãille.

Toi, apportes le manger ici.

Ce monsieur-ci connaît la médecine.

Ce lit-ci longueur pouvoir cinq mètres, largeur quatre mètres (et) hauteur mètre (annamite) un.

Cet homme n'a pas (de) franchise.

Mère moi (est) malade très, vous allez appeler (le) médecin.

Toi aller dire (à l') orfèvre (de) faire (un) bracelet pour moi.

Allez chercher quatre coolies pour porter (mes) bagages.

Cet homme fait (du) commerce.

CHAPITRE III

DE L'ADJECTIF

§ 1.

L'adjectif est invariable et se place après le substantif. Ex.:

Khọille mĩ yueũng Kouạng.

Kou sù dauille haïlle lamme.

J'ai (un) lit large.

J' (ai) acheté (une) paire de souliers noirs.

§ 2.

Le *comparatif de supériorité* (plus beau que) se forme en traduisant les mots *plus que* par *heune*, ou *lûne*, ou *sũa*, que l'on place après l'adjectif. Ex.:

Mãnne hãng heune khọille.
Kõne nì haĩng heune tô sua.
Nã nì mĩ dine kạing lũne kone hine.

Bạ nì tchà sũa bạ naẽu.
Souọng ạille hĩ lũne souọng khọille.

Il (est) riche plus que moi.
C'est homme (est) fort plus qu'un tigre.
Cette rizière a (de la) terre dure plus que la pierre.

Ce garçon-ci est plus sot que l'autre.
Pantalon vous (est) long plus que pantalon moi.

§ 3.

Le *comparatif d'égalité* (aussi beau que), se forme en traduisant le mot *aussi* par *kò* et le mot *que* par *kẽu* ou *suẽuñg* (comme). Le mot *kò* est souvent sous entendu dans la conversation courante. Ex.:

Mãnne kò toụeil gnaéu kẽu ạille.
Kõne nì soung kẽu khọille.
Lạô nì khôme suẽung lạô naẽu.

Il (est) aussi âgé grand que vous.
Cet homme-ci (est aussi) grand que moi.
Ce vin-ci (est aussi) amer que l'autre.

§ 4.

Le *comparatif d'infériorité* (moins beau que) ou (pas aussi beau que) se forme en traduisant l'expression *pas beau comme* ou *beau pas pouvoir comme*. Ex. :

Nàmme nì bảô mĩ khóune kẽu nàmmé nànne.
Sua nì bảô mĩ óne suẽung fune khọille.

Kõne nì thạô bảô lại kẽu po khọille.

Cette eau-ci n'est pas trouble comme celle-là.
Ce matelas-ci n'est pas aussi mou que le mien.

Cet homme (est) vieux pas pouvoir comme père moi.

§ 5.

Pour former le *superlatif absolu* (très beau), on fait suivre l'adjectif taï des mots :

Laille, beaucoup.
Laille tàie, beaucoup vraiment.
Laille tàie fuéung, beaucoup honnêtement.

Ex. :

Laille kaille, beaucoup passer, trop.
Hạing laille, fort beaucoup.
Taille, mourir (à en mourir).

Khọille póc fọu sao tchanne laille.
Fọu bảo nì fome laille.
Sêu ngeũne tchang laille.
Mù nì fà nao laille tàie.
Khọille paï lạck laille tàie fuéung.
Bạ nànne mãô lạô laille kaille.
Hõme nì náck haĩng laille.
Khọille laine vãnne laille, nuéuil taille.

J'(ai) rencontré (une) jeune fille très jolie.
Ce jeune homme (est) très faible.
L'orfèvre (est) très habile.
Aujourd'hui il fait vraiment froid.
J'(ai) été très loin vraiment.
Ce gaillard-là (est) par trop ivre.
Cette caisse (est) fort lourde.
J'(ai) couru très vite, fatigué mort.

§ 6

Le *superlatif relatif* (le plus beau), se forme en traduisant l'expression *plus fini*, que l'on place après l'adjectif. Ex. :

Tò mà nì tchang lūne mête.	Ce cheval-ci (est) le meilleur.
Bóne ni yêne heune mête.	Cet endroit-ci (est) le plus frais.

§ 7. — *Des nombres cardinaux.*

La numération taï n'est autre que la numération décimale et présente comme on va le voir beaucoup moins d'exceptions qu'en français.

1. Nung (se place après le nom).	100. Hòille nung.
2. Song.	101. Hòille ête.
3. Same.	110. Hòille sipe ou hòille paille (2)
4. Si	sipe ou hòille nung paille
5. Hạ.	sipe.
6. Hôk.	111. Hòille sipe ête (ou comme ci-
7. Tchête.	dessus).
8. Paite.	150. Hòille hạ sipe (ou comme ci-
9. Kạô.	dessus) ou hòille thóng (3).
10. Sipe.	200. Song hòille.
11. Sipe ête (*ête* remplace *nung* après	1.000. Pănne nung.
les dizaines).	1.001. Pănne ête.
12. Sipe song (1).	1.010. Pănne sipe.
20. Sāo (remplace *song sipe* qui n'est	1.100. Pănne nung paille hòille nung.
pas usité).	1.500. Pănne nung hạ hòille ou pănne
21. Sāo ête.	thóng.
30. Same sipe.	10.000. Sáine nung.

Exercice

Aille thạô nì kị pi ?	Ce vieillard (a) combien d'années ?
Hôk sipe same pi.	Soixante-trois ans.
Khọille sù tò pa song báck tchête feune.	J' (ai) acheté le poisson deux livres (4)
	(et) sept feune.
Kouang biá ngeŭne mĩ sipe báck, kouang	Dans un taël d'argent il y a dix livres
báck nung mĩ sipe feune.	(et) dans une livre il y a dix feune.

---

(1) Tous les nombres que nous ne mentionnons pas dans cette liste se forment régulièrement comme 12 = dix — deux = sipe song.

(2) PAILLE, dépassé de.

(3) THÓNG, et demi.

(4) Le système monétaire des hautes régions du Tonkin, qui n'est autre que le système chinois est le suivant : La barre d'argent = pòng ngeŭ nevaut 10 taëls. Le taël = biá ngeŭne vaut 10 livres. La livre (en annamite) dông keune = (en taï) báck, vaut 10 feunes. La valeur de la barre d'argent est à peu près de 14 piastres.

Kouang souone kou mĭ same hòille hạ sĩpe hòk koc lăng.

Dans mon jardin, il y trois cents cinquante six aréquiers.

Yoù nị paï hote soŭme sáng mĭ hòk hòille páite sipe kạô thuác.

(D') ici aller jusqu'à la touffe de bambous il y a six cents quatre-vingt-neuf mètres.

Kouang pi nung, mĭ same hòille hòk sipe hạ mù.

Dans une année, il y a 365 jours.

Pi nì pí pănne nung páite hòille kạô sipe hạ.

Cette année (est) l'année 1895.

§ 8. — *Des nombres ordinaux*

On forme les nombres ordinaux en faisant précéder le nombre cardinal du mot *thú*. Ex. :

Tchẽu nì thẽu to laeu ?

Maintenant (il est) heure combien ?

Tchẽu thú sí.

Quatre heures.

Faeu hote thú ńung.

Qui arriva le premier ?

§ 9. — *Des fractions*

Les fractions se forment en taï, comme en annamite, à l'aide d'une périphrase. Ainsi la phrase : « prends les trois quarts de ce pain » se tourne de la façon suivante.

Kouang páing nì si tóne mŭng aô same tóne.

Dans ce pain (il y a) 4 morceaux, toi prends 3 morceaux.

Autres Exemples.:

Kouang tông piĕng nì hạ feune, bạne khọille mĭ same feuné.

Dans cette plaine (il y a) 5 parties, village moi a 3 parties.

Aịlle tắtte mác kiạng si tóne hạeu khọille tóne nung.

Coupez l'orange (en) 4 morceaux (et) donnez-moi un morceau.

Aịlle khọille hạeu thóng mánne tchaïne hạeu khọille paï ịne.

Père moi donner (une) demi-piastre pour moi aller m'amuser.

Khọille gnăng mĭ same mánne thóng

J'ai encore trois piastres (et) demie..

§. 10. — *Des adjectifs numéraux multiplicatifs*

Pour former ces adjectifs deux fois plus riche, trois... etc., on traduit *deux fois plus riche* par *riche plus... deux parties*. Ex. :

Mănne hăng heune khọille song feune.

Il (est) riche plus (que) moi deux parties.

Po khọille soung heune khọille thóng laïlle.

Père moi grand plus (que) moi moitié beaucoup.

§ 11. — *Divisions du temps*

Les années se comptent du commencement du règne du Roi d'Annam, qui est actuellement Thăgne-tháille.

En réalité les mois taïs ne correspondent pas aux mois annamites, puisque l'année taï commence au 1ᵉʳ du 7ᵉ mois; mais toutes les pièces et la correspondance officielle sont datées d'après l'année annamite ; dans ce cas, en général, le nom et le numéro du mois sont écrits en langue annamite. Les mois de l'année s'indiquent par leur numéro sauf le premier et le dernier mois de l'année. Ex. :

1er mois, buéune tchiêng.
2e mois, buéune song, etc.
12e mois, buéune tchappe.

Les quantièmes du mois s'indiquent sans aucune exception par le numéro du jour dans le mois précédant le mot *Kămme* (soir). Ex. :

Le 1er, kămme nung.
Le 2e, song kămme.
Le 3e, same kămme, etc.

Les jours de la semaine, sauf le dimanche, s'indiquent par le mot *mù* (jour), suivi du nombre ordinal indiquant le numéro du jour dans la semaine. Il faut ajouter que la semaine n'est connue que des taïs qui sont en contact avec nous. Ex. :

Le dimanche (jour. repos), mù yăng.
Le lundi, mù thú song, etc.

Les heures s'indiquent aussi par le nombre ordinal placé après le mot *tchĕu* (heure). Ex. :

Une heure, tchĕu thú nung.
Midi, kang vĕne.
Minuit, kang kŭne.

Exercice.

Thăing Tháille tchête pi thăng haille sipe same Kămme.	(De) Thăgne Tháille 7me année 2me mois, le 13. (Le 13 du 2e mois de la 7e année de Thăgne Tháille).
Tchĕu ni mĭ páite tchĕu thóng.	Maintenant il est 8 heures (et) demie.
Tchĕu thú tchête kaille same khăck.	7 heures trois quarts.
Tchĕu thú kąô kaille sipe same foúte.	9 heures 30 minutes.
Tchĕu thú hų thióou sipe hą foúte.	5 heures moins 15 minutes.

§. 12. — *Des adjectifs numéraux indéfinis.*

Les plus usités sont les suivants :

Tĕng, tout, tous.
Mête, tout (jusqu'à la fin), fini.
Kĭ, quelques, les, tous les.
Kĭ sípe, id.
Kăk, les (s'emploie pour les personnes ou les réunions de personnes).

Tchŭ, chaque, tous.
Mête tchŭ, tous (sans exception).
Moille... kò, chaque.
Nòille, un peu, quelques.
Nòille laille, quelques.

Exercice.

Bą ni paï ine tĕng vĕne tĕng kŭne.	Ce garçon s'amuse jour et nuit.
Po maie paï tĕng song.	Le père (et) la mère partent tous (les) deux.

Aille yête viac têng pí.	Vous travaillez toute l'année.
Mãnne tó ngeûne soúa mête ngeûne.	Il joue de l'argent (et) perd tout son argent
Kị lou gníng maine yóu huéune.	Les femmes doivent rester (à la) maison.
Kouang souóne mĩ kị koc lieou.	Dans le jardin, il y a quelques citronniers.
Kị sípe kŏne líng tchù khànne khãng aô tchuẽung paï teupe.	Tous les soldats doivent se préparer prendre affaires (pour) aller (à l') exercice.
Kák bạnc maine nòpe kóúi.	Les villages doivent payer l'impôt.
Pí ni fã hòne baô keũ tchũ pí.	Cette année il fait chaud pas comme chaque année.
Mũng nappe mête tchũ kŏne yóu kouang huéune.	Toi, comptes toutes les personnes (qui) sont dans (la) maison.
Khọille mọille mù kò paï huéune áipe su.	Je vais chaque jour à l'école.
Kang khouang khọille hône nòille kaï.	Dans la cour je vois quelques poulets.

§. 13. — *Des adjectifs possessifs*

Les adjectifs possessifs mon, ton, son, etc., se rendent en plaçant après le substantif le mot *khong* (appartenant à) suivi du pronom personnel moi, toi, lui. Le mot *khong* est le plus souvent sous-entendu. Ex. :

Mãnne táppe tô ma khong kou.	Il bat mon chien.
Bạ ni kine lack koúpe kou.	Ce garçon m'a volé mon chapeau.
kou baô hoù tcháck maie mãnne yoú ká laeu.	Je ne sais pas sa mère est où.

§. 14. — *Des adjectifs conjontifs et interrogatifs*

L'adjectif *laeu* (quel) se place toujours après le substantif.

Lorsque l'adjectif interrogatif *quel* est destiné à demander le nom d'une chose, on le traduit par *sang* (quoi).

Quel peut encore se traduire par *suẽung laeu* (de quelle manière). Ex. :

Aille áie laï bóc laeu?	Vous voulez quelle fleur?
Mũng yoú bạne sang?	Tu es (de) quel village?
Bạne ni ba bạne sang?	Ce village dire village quoi? (Comment s'appelle ce village)?
Kou baô hoù tcháck mãnne ba sang?	Je ne sais pas il dit quoi (ce qu'il dit)?
Mũng tchũ ba sáng?	Toi nom dire quoi? (Quel est ton nom)?
Mĩ viac sang yạne?	Avoir affaire quoi craindre? (N'aies pas peur).
Thiéou tô sang?	Manquer quoi? (Il ne manque rien).

§ 15. — *Des adjectifs démonstratifs*

Les plus usités sont les suivants :

Ni, celui-ci, celle-ci, etc.	*Naẽu*, l'autre, cet autre.
Nànne, celui-là.	*Úne*, un autre.

Sune, l'autre (en parlant des divisions du temps écoulé).
Hác, autre.

Ex. :

Nā ni khaéu heune nā naéu.

Kŏne nànne kine lack khong kŏne naéu.
Mù úne khọille paï yame ạille.
Pên sũ mũng noung souọng hác (ou úne)?
Mù ni khọille kò noung souọng sueŭng mù ngŏi.
Po sueŭng laeu, louc sueŭng nànne.

Kò... sueŭng, le même.
Sueŭng nànne, de cette manière, tel.

Cette rizière-ci (est) plus sèche (que) l'autre.
L'un vole l'autre.
Un autre jour j'irai vous voir.
Pourquoi tu mets pantalon autre ?
Aujourd'hui, je aussi mets (le) même pantalon qu'hier.
Tel père, tel fils.

§ 16. — *Des adjectifs composés*

Quelques adjectifs français ne peuvent se rendre en taï que par une périphrase, ou par la répétition d'un adjectif ayant un sens analogue mais plus fort. Ex. :

Mũng bảô hòu fảipe.

Anne ni anne bảô pêne.

Louc ni yác hải.

Kŏne gnĩng hòu bảô laille.

Viac ni pêne yêtc.

Dine ni mĩ saille, dine naéu mi kãmme.

Paï aô nàmme kine lại.

Bóc yàng laing laing.
Aô nàmme óune óune mã nị.

Tu ne pas connaître politesse (tu es impoli).
Chose-ci chose ne pas bien (cette chose est inconvenante).
Enfant-ci avoir habitude pleurer (cet enfant est braillard).
Femmes savoir parler beaucoup (les femmes sont bavardes).
Ouvrage-ci convenable faire (cet ouvrage est faisable).
Cette terre est sablonneuse, l'autre est aurifère.
Vas chercher (de l') eau boire pouvoir (potable).
La fleur de pavot (est) rougeâtre.
Apportes de l'eau tiède ici.

CHAPITRE IV

DU PRONOM

§ 1. — *Des pronoms personnels*

Les pronoms personnels dans la langue taï, comme dans toutes les langues orientales varient suivant la condition et l'âge de la personne qui parle, à qui l'on parle et de qui l'on parle.

Nous allons classifier dans le tableau suivant les pronoms personnels à employer, pour parler :

1° A une personne inférieure par la condition ou l'âge ;
2° A un égal ;
3° A un supérieur.

§ 2. — *Supérieur à inférieur*

Le supérieur qui parle à un inférieur ou d'un inférieur, peut se servir pour lui-même du pronom *kou*, pour la 2ᵉ personne des pronoms *mũng*, *i*, *soũme ba* (1) et *soũme i* (2) et pour la 3ᵉ personne des pronoms *mânne* et *pũng nànne*. Cependant, dans la pratique, ces pronoms, qui sont des expressions un peu arrogantes sont réservés aux enfants, aux domestiques, aux soldats et aux personnes auxquelles on a de graves reproches à adresser.

Aussi, pour parler à des inférieurs pour lesquels on a des égards, on emploiera pour soi-même l'une des expressions *khoille* (je, serviteur), *sáô* (on) ou *tchaô* (corps).

Pour la 2ᵉ personne on se servira : 1° Du mot *quoine* ou *quoiné louong* si on s'adresse à un mandarin d'un certain grade ;

2° Du mot *óng* ou *quoine*, ou *áne gnã*, seigneur, si on s'adresse à un mandarin du grade de houyêne ou quoine tchaô ;

3° Du mot *óng*, en s'adressant à un fonctionnaire indigène tel que thô laille, chef de canton, notable d'un rang élevé ou d'une grande famille, ou à un homme d'un âge très avancé quelle que soit sa position ;

4° Du mot *saïlle* ou *fia* en s'adressant à tous les membres des grandes familles, aux maires des communes, aux interprètes, lettrés, médecins indigènes, commis, sous-officiers, etc. ;

5° Du mot *táo*, en s'adressant à un notable qui n'est pas de famille noble mais qui occupe une situation élevée dans la commune ;

6° Du mot *aille* ou *ao*, en s'adressant à un commerçant, un chinois et en général à toute personne établie mais d'une condition assez modeste, enfin dans l'armée à un caporal.

Pour la 3ᵉ personne on ajoutera le mot *nànne* (celui-là) aux expressions indiquées ci-dessus pour la 2ᵉ.

Enfin pour parler aux femmes, on emploie en général les expressions correspondantes à celles qui reviennent à leurs maris *bâ* (grand'mère), *ême* (mère), *uœil* (sœur aînée), *pa* et *louâ* (tante).

§ 3. — *Egal à égal*

En général dans les classes moyennes de la société taï, les gens de même condition se servent pour la première personne du mot *khoille*, pour la 2ᵉ du mot *aille* (frère aîné) et pour la 3ᵉ du mot *mânne*.

Dans la famille taï le mari et la femme emploient entre eux familièrement les pronoms *kou*, *mũng* et *mânne*, que l'on emploie pour parler à un inférieur.

Les personnes d'un certain rang emploient envers leurs égaux les termes honorifiques qui correspondent à leur condition sociale, *óng*, *fiã*, *sáille*, etc...

---

(1) Masculin pluriel.
(2) Féminin pluriel.

§ 4. — *Inférieur à supérieur.*

L'inférieur parlant à un supérieur se sert du pronom de la 1re personne *khøille* (je, serviteur), ou du terme *louc* (enfant); pour la 2e personne des termes honorifiques *quoine louòng, quoine, ông,* etc., et pour la 3e personne de ces mêmes termes suivis de l'adjectif *nànne* (celui-là).

§ 5.

Au pluriel :

Kou (je) donne *hâô* (nous).
Khøille (je) donne *soŭme khøille* (nous).
Mŭng (toi) donne *soŭme bạ* quand on s'adresse à des hommes.
    —   *soŭme i'*   —   femmes.
    —   *soŭme bạ soŭme i'* quand on s'adresse à des individus des deux sexes.
Mănne (il, elle) donne *pŭng nànne* (cette troupe là, eux, elles).

Pour former le pluriel des termes honorifiques *quoine, ông,* etc., on les fait précéder du mot *kák* ou du mot *soŭme*.

§ 6. — *Exercice.*

Kou mĩ bóc mŭng, sueŭng laeu mŭng baô yête?	J'ai dit (à) toi, pourquoi tu ne (l'as) pas fait.
Soŭme bạ païká laeu?	Vous allez où ?
Mù nì kou hạeu soŭme bạ yăng.	Aujourd'hui je donne vous reposer (je vous permets de vous reposer).
Pûng nànne maine païápe.	ils doivent aller se baigner.
Ạ̈lle naĕu, mã nị kou bóc.	Vous là-bas, venez ici (que) je (vous) dise.
Khøille méuil kák ông kine khạô tôille khøille.	Je (vous) invite, messieurs, (à) manger avec moi.
Ao naĕu, païhòng sãille dãuille.	Vous (oncle) là-bas, allez appeler le sergent.
Sàô bóc mŭng leung leung, pêne sũ báô lãng?	On (je) dit (à) toi constamment, pourquoi ne pas entendre?
Tchạò hòu tcháck sãille heung laĩo.	Corps (je) connais vous (depuis) longtemps déjà.
Khøille méuil loũa nang yăng tchope nung.	Je vous (tante) invite (à) vous asseoir (pour vous) reposer un moment.
Pêne sueŭng laeu uœil báô aô khạô mã hạeu kou kine.	Pourquoi vous (sœur) ne m'apporter pas du riz pour moi manger.
Khøille bóc, sãille tạime sú hạeu quoine louong.	Je vous dis (interprète) (d') écrire une lettre au mandarin.
Bã nànne gnãng yóu hạo.	Cette dame (elle) (est) encore bien portante.
Khøille só quoine louong hạeu khøille fáipe.	Je (vous) demande grand mandarin donner moi permission.

Khọille só ông vắng haẹu khọille.

Soŭme khọille ngǐne quoine paï kaille nị, hŭ soŭme khọille paï tọňe quoine.

Ông nànne bóc khọille paï hông ạille.

Louc só ông haẹu louc mànne nung.

Louc só ême paï ịne.

Je (vous) demande monsieur pardonner (à) moi.

Nous (avons) entendu (dire que vous) mandarin passiez par ici, alors nous avons été à votre rencontre.

Ce monsieur (il) dire moi aller appeler vous.

Enfant (je) prie monsieur (vous) donner enfant (moi) une piastre.

Enfant (je) demande (à) mère vous aller m'amuser.

§ 7. — *Pronoms possessifs et démonstratifs.*

Les pronoms possessifs et démonstratifs se rendent en taï par l'article, le numéral ou le substantif lui-même suivi de l'adjectif possessif ou démonstratif correspondant. Ex. :

Khọille hêne khạng hueŭne khọille, hác va baô hêne khạng hueŭne ạille.

Je vois ma maison, mais ne vois pas la vôtre.

Kŏne louc ạille tòuçit gnaéu heune kŏne khọille.

Votre enfant (est) plus âgé que le mien.

Kou mǐ song tô ma, tô nì hóu laille.

J'ai deux chiens, celui-ci (est) très méchant.

Song mác kiạng, mác nànne khong kou.

(Des) deux oranges, celle-là (est) la mienne.

Nị mǐ same khạng tchăine, ạille aô song khạng nànne.

Voici trois tasses, prenez ces deux là.

§ 8. — *Des pronoms conjonctifs*

Les pronoms conjonctifs *qui, que, lequel,* etc., ne se traduisent pas en taï. Ex.:

Hueŭne khọille sù tchănne laille.
Fọu nì noung sụa laing maine lý tueŭng.

La maison (que) j'achète (est) très-belle.
Cet homme (qui) porte (un) vêtement rouge est le maire.

§ 9. — *Des pronoms interrogatifs*

Les plus usités sont les suivants :

Faeu, qui?
Kŏne laeu, lequel? (le mot *kŏne* peut être remplacé par un numéral ou un substantif quelconque).
Ex.:

Sang.
Tô sang. } Quoi?
Anne tô sang.

Anne nì anne tô sang?
Faeu sía dŏng hŏ?

Chose-ci chose quoi? (qu'est ceci).
Qui (a) perdu la montre?

TABLEAU des pronoms personnels.

1re PERSONNE			2e PERSONNE — HOMMES	2e PERSONNE — LEURS FEMMES	3e PERSONNE — HOMMES	3e PERSONNE — LEURS FEMMES
Supérieur à inférieur.	Parlant sans égards.	Kou, je, moi.	Mŭng, toi. Soŭme ba, vous autres.	Mŭng, toi. Í, — (1) Soume i, vous autres.	Mănne, il. Pŭng nànne, ils.	Mănne, elle. Pŭng nànne, elles.
	Parlant avec égards.	Khọille, je (serviteur). Sáò, on. Tchọô, corps.	Quoine louong, grand mandarin. Quoine, mandarin. Áne gnŭ, seigneur. Ông, aïeul, monsieur. Fïa, maître. Sǎille, — Tọŏ, — Ajlle, père (2). Ao, oncle.	Bǎ louong, grande madame. Éme louong, grande madame. Bǎ, madame. Éme, — — — — Uọçil, sœur ainée. Pọ, tante. Loña, —	Quoine louong. Áne gnǎ po. Quoine nànne (ce mandarin la). Áce gnǎ. Ông nànne. Fïa nànne. Sǎille nànne. Tǎo nànne. Ajlle nànne. Ao nànne.	Bǎ louong. Éme louong. Bǎ nànne. Éme nànne. — — Uọçil nànne. Pọ nànne. Loña nànne.
Egal à égal		Khọille. Tchọô. Sáò. Kou.	Quoine louong. Áne gnǎ po, grand seigneur. Quoine. Áne gnǎ. Ông. Fïa. Sǎille. Tạo. Ajlle. Ao. Mŭng, toi.	Bǎ louong. Éme louong. Bǎ. Éme. — — Uọçil. Pạ. Loña. Mŭng.	Quoine louong. Áne gnǎ po. Quoine nànne. Áne gnǎ. Ông nànne. Fïa nànne. Sǎille nànne. Tǎc nànne. Ajlle nànne. Ao nànne. Mǎnne.	Bǎ louong. Éme louong. Bǎ nànne. Éme nànne. — — Uọçil nànne. Pạ nànne. Loña nànne. Mǎnne.
Inférieur à supérieur.		Khọille. Louc, enfant.	Quoine louong. Áne gnǎ po. Quoine. Áne gnǎ. Ông. Fïa. Sǎille. Tïo. Ajlle. Ao.	Bǎ louong. Éme louong. Bǎ. Éme. — — Uọçil. Pạ. Loña.	Quoine louong. Áne gnǎ po. Quoine nànne. Áne gnǎ. Ông nànne. Fïa nànne. Sǎille nànne. Tǎo nànne. Ajlle nànne. Ao nànne.	Bǎ louong. Éme louong. Bǎ nànne. Éme nànne. — — Uọçil nànne. Pạ nànne. Loña nànne.

(1) Si on s'adresse à une réunion d'individus des deux sexes on dit : *Soume ba, Soume i'*.

(2) Le mot *aille*, père, employé comme pronom personnel, ne comporte pas le respect que lui impliquerait ce titre de parenté. Il correspond plutôt au mot annamite *agne*, frère aîné.

Faeu tóille tou?
Kác kŏne louc ine ni, kŏne laeu louc aille?

Qui frappe (à la) porte?
Des enfants qui jouent ici, lequel est votre enfant?

§ 10. — *Des pronoms indéfinis*

Les plus usités sont les suivants : ·

Sáô, on, les gens.
Faeu, quelqu'un, quiconque, celui qui.
Kanne, l'un l'autre.
Báô... faeu, personne.

Sang } quelque chose.
Tô sang }
Báô... sang } rien.
Báô... tô sang }
Kŏne laeu kò, tout le monde, n'importe qui.

Exercice

Sáô ba hiac song bạ ni tchŏme tappe kanne.
Khoille ngïne faeu tóille tou.
Báô mĭ faeu yóu kang lăng.
Khoille báô hòu tcháck sang.
Kŏne laeu kò yạne quoine louong.

On dit que ces deux individus viennent de se battre (l'un l'autre).
J'entends quelqu'un frapper à la porte.
Il n'y a personne sur le chemin.
Je ne sais rien.
Tout le monde a peur de vous (grand mandarin).

CHAPITRE V

DU VERBE

§ 1. — *Des modes*

Les modes *infinitif* et *indicatif* ne sont jamais indiqués en taï autrement que par le sens général de la phrase.

Le *conditionnel* est exprimé en général par les conjonctions *sueŭng* (si) ou *tchù* (oui).

Le *subjonctif* est quelquefois indiqué par la conjonction *hiac* (que), mais le plus souvent il n'est indiqué que par le sens de la phrase.

Enfin l'*impératif* est représenté en général par le mot *kạïng*, placé devant le verbe ou par le verbe *paï* (aller), placé après.

On emploie aussi pour commander des expressions un peu plus générales telles que :

Maine } il faut.
Tchù }

Pêne, il convient.

Pour défendre de faire quelque chose, on fait précéder le verbe des expressions :

Gnă, ne... pas.
Gnă ló, ne... plus.
Gnă lại, on ne peut pas.

Báô maine } il ne faut pas.
Báô tchù }
Báô pêne, il ne convient pas.

7

Exercice

Sueŭng mŭng sù pa bảô tcháipe, kãing aô paï khune hẹeu mãnne.

Si tu (as) acheté du poisson (qui n'est) pas bon, remportes le et rends le lui.

Tchù quoine kámme, gnã lại kaille tãng nì.

Si le mandarin (l'a) défendu, on ne peut pas passer par ici.

Kák bạ nãeu ! Soŭme bạ paï ká laeu ? Kãing yoú nị.

Eh ! Vous autres ! Où allez-vous ? Restez ici.

Mŭng paï sack souọng sụa paï.

Toi, va laver le linge.

Po ba hiac kỗne nì hãille, bảô maine paï ine tỗille sáô (1).

Le père dit que ce garçon (est) mauvais, il ne faut pas aller jouer avec lui.

Eme bóc kou yoú nị, ạille paï paï.

(Ma) mère m'a dit de rester ici, vous allez.

Aô ngeŭne paï tchèu paï.

Prends de l'argent (pour) aller au marché.

Aille kãing aô ngeŭne paï laic ká hueŭne ao Háne.

Prenez l'argent allez (le) changer à la maison du Chinois.

Soŭme bạ gnã hòng sueŭng nì, maine paï ine káng noc tãng.

Vous autres, ne criez pas comme cela, il faut aller jouer dehors sur le chemin.

Thauille, gnã baô ló.

Assez, ne pas parler encore (taisez-vous).

Gnã yète sueŭng nànne ló, paing sia paï.

Ne faites plus ainsi, corrigez-vous.

Khaï nì paï nạ, kãing beúng tô tchạô.

Désormais, surveiller corps (faites attention).

Gnã máng sáô ló.

N'insultez plus les gens.

Paï paï.

Allez.

Soúille paï !

Allez vous en !

Pêne fãng quoine bàô.

Il convient d'écouter (obéir) ce que dit le mandarin.

Bảô pêne yète là yète lỗme.

Il ne faut pas faire de sottises.

§ 2. — *Des temps passés.*

L'imparfait (je mangeais) s'indique par le mot *dang* ou *dang sũ* (en train de) placé devant le verbe et par le sens du reste de la phrase.

Le *passé défini* (je mangeai) ne s'indique que par le sens de la phrase.

Le *passé indéfini* (j'ai mangé) s'indique par le mot *mĭ* (avoir) placé devant le verbe ou simplement par le sens de la phrase.

Le *plus que parfait* (j'avais mangé) s'indique par les mots *mĭ* (avoir) placé avant le verbe et *laĭo* (déjà) placé à la fin.

Le *passé antérieur* (j'eus mangé) qui indique que la deuxième action commence aussitôt après celle de manger, s'indique comme le *plus que parfait*, mais de plus le deuxième verbe est précédé du mot *tcháng* (commencer à).

Exercice

Mù ngỗi, ạille mã hueŭne khọille, khọille dang tạime sú.

Hier, (quand) vous entrâtes dans ma maison, j'écrivais une lettre.

---

(1) Le mot SÁÔ, on, s'emploie fréquemment au lieu et place du pronom de la 3ᵉ personne du singulier ou du pluriel.

Tchàô mù ni, ạille païtchèu, kou dang kine ngãille.

Ce matin, (quand) vous êtes allé au marché, je mangeais.

Tchéu sãille païteupe, khọille gnãng nône.

Quand vous êtes parti faire l'exercice, je dormais encore.

Mù sũne, khọille hêne fọu sao tchanne laille.

L'autre jour, je vis (une) jeune fille très jolie.

Pi kaille, baô mĩ moũa.

L'année dernière, il n'y eût pas de récolte.

Mù ngõi kou mĩ põ ạille païbáine nôk.

Hier je vous ai rencontré, (qui) alliez tirer des oiseaux (à la chasse).

Tchéu ạille hiac khọille, khọille túne laïo.

Quand vous m'avez appelé, j'étais déjà reveillé.

Tchéu ạille mã ni, pũng nãnne kine ngãille laïo.

Quand vous vintes, ils avaient déjà mangé.

Tchéu khọille yête viac laïo, tcháng païbeúng kháppe.

Quand j'eus fini de travailler, j'allai au théâtre.

§ 3. — *Des temps futurs*

Le *futur simple* (je mangerai) s'indique par les mots *kọille* ou *tchi* placés devant le verbe.

Le *futur antérieur* (j'aurai mangé) s'indique par le mot *laïo* (déjà) placé après le verbe manger et par le futur de l'autre verbe de la phrase.

Excercice.

Pi mácu, khọille tchí païthi.

L'année prochaine, j'irai passer l'examen.

Tchéu ni païnạ, khọille kọille yête viac haĩng laille.

Désormais, je travaillerai très fort.

Mù pouc, fọu khọille tchí païápe nàmme Táie.

Demain, nous irons nous baigner dans la Rivière Moire.

Tchéu lacu ápe laïo, soũme khọille tchí khoúi mà païịne.

Quand nous aurons pris notre bain, nous monterons à cheval pour aller nous promener.

Tchéu mã hueũne laïo, tchí païnône.

Quand (nous) serons revenus à la maison, nous irons nous coucher.

§ 4. — *De l'interrogation.*

L'interrogation se traduit en taï par la phrase affirmative suivie de la négation *baô* (non), quelquefois précédée du mot *hũ va* (ou).

Si la phrase commence par : pourquoi ou comment, on traduit ces mots par *pêne sũ* ou *pêne sueũng laeu* et on fait suivre simplement de la phrase affirmative.

Si la phrase se termine par « n'est-ce pas ? » on fait suivre la phrase affirmative des mots *baô maine* (non juste).

Enfin, si la phrase interrogative comporte une idée de doute comme dans « serait-il idiot ? » on fait suivre la phrase affirmative « il est idiot » des mots *hũ va sueũng laeu* « ou comment ? »

Exercice

Aļlle hòu tcháck kõne nì hũ va bảô.

Khọille paï tchèu, aļlle tchí paï tõille khọille báô?

Kou bóc soũme bạ yête viac, ngĩne baô?

Mũng paï ápe tô mà laĩo hũ va baô hẽ?

Bạ nì báô hòu sang, mãnne tchà hũ va suẽuńg laeu?

Pêne suẽung laeu mũng máck fate?

Suẽung laeu aļlle ba bạio suẽung nànne?

Pêne sũ aô mãnne vàï taille sáipe?

Aļlle yóu Vane Bóu maine baô?

Connaissez-vous cet individu?

Je vais au marché, viendrez-vous avec moi?

Je vous dis de travailler, entendez-vous?

As-tu baigné le cheval, ou pas encore?

Ce garçon ne comprend rien, est-il idiot ou comment (serait-il idiot)?

Pourquoi es-tu puni?

Comment mentez-vous ainsi?

Pourquoi prendre lui laisser (le laissez-vous) mourir de faim?

Vous êtes à Vane Bou, n'est-ce pas?

§ 5. — *De la négation.*

La négation *non* ou *ne pas* se traduit par les mots :

Báô, ne pas.

Báô mĩ, il n'y a pas.

Báô maine, pas juste, pas vrai

Báô tchù, —

Elle est quelquefois traduite en taï par une interrogation ironique. Ainsi au lieu de « il n'y en a pas » on dira « il y en a, où ça? ».

Exercice

Pi nì fà báô fône laille.

Khọille nùeil laille, báô paï lại ló.

Khọille hòu tcháck kõne nànne, báô tchù quoine bạne, ká laeu.

Kou báô aïe yóu ká Muẽung La.

Khọille báô yáme khạô huẽune quoine louong.

Faeu yáme?

Aļlle aô tchuẽung kine laille, báô thiéou sang.

Mãnne báô óc khọille mĩ kine lack souộng mãnne mĩ ká laeu?

Aļlle yume ngeũne khọille, ngeũne ká laeu mĩ?

Cette année il n'a pas plu beaucoup.

Je suis très fatigué, je ne peux plus marcher.

Je connais cet homme, ce n'est pas le chef du village, où ça.

Je ne veux pas rester à Seune La.

Je n'ose pas entrer dans (votre) maison, grand mandarin.

Qui oserait? (je n'ose pas).

Vous (avez) apporté beaucoup à manger, il ne manque rien.

Il dit que je lui ai volé son pantalon, avoir où ça? (ce n'est pas).

Vous (voulez) m'emprunter de l'argent, argent où ça avoir? (je n'en ai pas).

§ 6. — *Du verbe passif*

Lorsque le verbe indique un événement heureux, il se traduit par *lại* (recevoir) suivi du verbe actif.

Si, au contraire, c'est une peine que l'on *subit*, les verbes qui précèdent le verbe actif sont les suivants :

Maine, être forcé de, subir.
Pêne, subir, être atteint de.

Tchiou, subir.

Exercice

Kák kŏne yète viac li tchanne, hŭ tchí laï suçung.

Ceux qui travaillent bien, seront récompensés.

Mŭng kine lack, hŭ tchí maine yóu toŭ.

Tu as volé, tu subiras la prison.

Khọille baô hòu tcháck aïlle pêne tchèpe.

Je ne savais pas que vous étiez atteint de maladie.

Mănne tchiòu nĕu kou sípe mánne.

Il a contracté une dette (envers) moi de dix piastres.

Bạ nì mĭ kine lack, hŭ tchi maine tappe.

Ce garçon a volé, donc il recevra le fouet.

§ 7. — *Du verbe réfléchi*

Pour former le *verbe réfléchi* (se mouiller), on place le pronom personnel après le verbe actif (mouiller). Ex. :

Aïlle óc noc tăng, une aïlle.

(Si) vous sortez sur la route, vous vous mouillerez.

Khọille ngĭne saô ba mănne khạ mănne.

J'ai entendu les gens dire qu'il s'était tué.

§ 8. — *Du verbe réciproque*

Pour former le *verbe réciproque*, on place le mot *kanne* (l'un l'autre) après le verbe actif. Ex. :

Song pi nòng óc sia kanne.

(Les) deux camarades se séparent.

Seúck koaine kanne, vàï tappe dŏne.

(Les) pirates se rassemblent pour attaquer (le) poste.

Foua mĭa suĕung kanne laille.

(Le) mari (et la) femme s'aiment beaucoup.

Song tô mà kháing kanne haĭng laille.

(Les) deux chevaux luttent ensemble (de vitesse) de toutes leurs forces.

Aïlle ĕme kaĭlle kanne ká mù.

(Le) père (et la) mère se disputent toute (la) journée.

Kou pŏ song fọu gnĭng lá kanne haĭng.

J'ai rencontré deux femmes (qui) s'injuriaient violemment.

§. 9. — *Du verbe impersonnel.*

Les plus usuels sont les suivants :

Mại huĕune, la maison brûle.
Hote tchĕu, quand arrive l'heure.
Lạï... il y a (tant de temps).
Maine, il faut.

Pêne, il convient, être atteint de.
Fà (ciel), il fait (tel temps ou telle température).
Mănne tchèpe, avoir mal.

Exercice.

Aïlle mĭ hêne mại hueŭne báô? — Voyez-vous la maison brûler ?

Hote tchéu khọille maine paï, hŭ tchí hiac khọille. — Quand viendra pour moi l'heure de partir, vous m'appellerez.

Mănne kăô mŭ, tàille táie pêne híte. — Il se gratte la main, parce qu'il est atteint de gale.

Lại same mù nì, mănne pátte khọille kŭme tine kŭme mŭ. — Il y a trois jours, j'ai des frissons dans les pieds et dans les mains.

Tchéu khọille aï, mănne túck, mănne tchêpe houa. — Quand je tousse, je suis oppressé (et) j'ai mal à la tête.

§ 10. — *Des verbes composés*

Les plus usuels sont les suivants :

Avec *kine* (manger), on forme :

Kine yoú, se conduire, être.

Kine lack, voler.

Avec *hаọu* ou *hạ* (donner, à, pour) on forme :

Tchoille hаọu, aider.

Fác hạọu, envoyer (quelque chose).

Mĭ sú hạ, avoir lettre pour, écrire à.

Avec *toúck* (battre), on forme :

Toúck haie, pêcher au filet.

Avec *poúck* (battre), on forme :

Poúck túne, réveiller.

Avec *paï* (aller), on forme :

Aô paï, apporter.

Paï líng, se faire soldat.

Paï kă, faire du commerce.

Paï tchạng, travailler à la journée.

Avec *yête* (faire), ou forme :

Yête khọille, servir.

Yête hăille, fait du mal à.

Yête seúck, faire de la piraterie.

Yête, gnúa, faire viande, tuer (un animal).

Avec *lao* (de nouveau), on forme :

Yête lao, refaire, recommencer.

Bà lao, répondre.

Sáite lao, examiner, juger.

Avec *maéu* (de nouveau) ou *lao maéu* (encore de nouveau), on forme :

Yête maéu, refaire.

Yête lao maéu, refaire.

Văï maéu, laisser, abandonner.

Yoú maeu, rester.

Avec *khụne* (monter, en haut), on forme :

Gnóc khụne, pousser (plantes).

Paï khụne, monter en haut.

Thịme khụne, jeter en l'air.

Aô khụne, élever.

Poúc khụne, nommer (à un grade supérieur).

Avec *óc* (sortir, dehors), on forme :

Óc paï, sortir.
Aô óc, porter dehors, traduire.

Yang óc, étendre.

Avec *hote* (arriver jusqu'à), on forme :

Paï hote, s'avancer sur.

Aô paï hote, apporter à.

Avec *khạô* (entrer dans), on forme :

Khạô paï, entrer (lorsque la personne
qui parle est dehors).
Khạô mã, entrer (lorsque la personne
qui parle est dedans).

Tchône khạô, se glisser dans.
Tcháppe khạô, afficher sur.

Avec *mã* (venir, revenir), on forme :

Paï mã, revenir.
Ouóne mã, reconduire.

Aô mã apporter }
Fác mã, envoyer } à la personne qui parle.

Avec *lông* (descendre, en dessous), on forme :

Nouôme lông, abaisser.
Aô lông, abaisser.
Naipe long, abaisser en appuyant.

Kône lông, incliner.
Tôk lông, tomber, couler (bateau).

Exercice.

Mãnne kine lack, khaï ni mãnne tchòou
taüille.
Khaï paï nạ, khọille kọille kine li yóu li.
Aïlle naếu, khọille tchí gnóc hôme nì
khụne báô laï, aïlle tchoille haẹu nòille
nung.
Aïlle paï láck laille, aïlle fác sù mã ha.

Aïlle khọille paï toúck haie pátte pa.
Faeu paï poúck aïlle túne?
Aïlle pệne gnaếu, áie paï kã hũ va áie
paï líng?
Khọille yáme mĩ su hạ quoine.
Hote mù tchiêng, yête gnúa koãille.

Khọille só yête khọille quoine têng tchoúa.
Mũa kóne, mãnne paï tchạng saô, baô
tchúck faeu yête hãille haẹu mãnne, khaï
ni mãnne paï yête seúck.
Aïlle yête viac ouéil, hũ haẹu yête lao
maếu.
Kou ba nạng mãnne, báô ba lao, mãnne
hou noúak hũ va sang?

Il (a) volé, maintenant il purge sa peine.

Désormais, je me conduirai bien.
Dites donc, je ne puis pas soulever cette
caisse, aidez-moi un peu.

Vous allez très loin, envoyez-moi des
lettres.
Mon frère est parti pêcher au filet.
Qui va réveiller le père ?
Vous devenez grand, voulez-vous être
marchand ou être soldat ?
J'ose (vous) envoyer une lettre, mandarin.
Quand viendra le jour de l'an, (on) tuera
un buffle.
Je demande à vous servir toute ma vie.
Autrefois, il travaillait à la journée, (je)
ne sais pas qui lui a fait du mal, (mais)
maintenant il fait de la piraterie.
Si vous faites mal votre travail, (je vous
le) donne (à) recommencer.
Je lui parle, il ne répond pas ; serait-il
sourd ?

Kou báô sáite lao lại kŏne nì mĩ oine hũ va mĩ taũille.

Hueũne ạille páie laĩo, pêne yĉte maéu.

Eme aô khạô haẹu louc kine, mãnne báô kine, mãnne vàĩ maéu.

Qùoine aô pũng lĩng paï sáppe seúck, hác va sáô yóu maéu.

Fáck káte gnóc khụne.

Poũ nì soung laille kaille, paï khụne sũ lại ?

Gnã thịme hine khụne sĩ nì, báô tchí tcháppe houa sáô.

Qùoine bóc haẹu aô kaille khụne yĉte sãille daũille.

Soũme bạ gnã ịne kouang hueũne, óc paï noc souọne.

Sãille thông aô lãnne (1) khóte nì kaille óc quoĩme kaio.

Kŏne nì yang mŏng óc pátte pạ.

Kou mĩ hêne pũng nung kine lack paï hote bạne.

Mĩ fọu nung aô su paï hote ông.

Ạille hêne tô nou nung tchŏne khạô hou nì báô?

Quoine tcháppe tchịa nì khạô fa hueũne.

Soũme bạ táppe séuçk lạ (2) laille, tcheũ nì quoine haẹu paï mã hueũne.

Khọille só ouóne quoine mã hueũne.

Kou báô áie áo anne nì, thauille aô paï.

Ạille noũome ngã màï lŏng, vàï haẹu khọille aô mác kịang.

Kaĩng naipe saie tou lŏng.

Tcheũ ạille khạô hueũne quoine, maine kôme houa lŏng.

Mãnne hêne hũa tòk lŏng nàmme Táic, leupe túck mãnne lánne lŏng hạeu kióu sáô.

Je ne puis juger si cet homme est innocent ou coupable.

Votre maison est délabrée, il faut la reconstruire.

La mère donne du riz à manger à son enfant, il ne mange pas, il le laisse.

Le mandarin a mené sa troupe pour chasser les pirates, mais ils sont restés.

Les légumes poussent.

Cette montagne est trop haute, comment faire pour monter en haut ?

Ne jetez pas de pierres en l'air ainsi, de peur d'atteindre la tête des gens.

L'officier a nommé le caporal au grade de sergent.

Vous autres, ne jouez pas dans la maison, sortez dans le jardin.

Interprète, traduisez ces quelques mots en langue annamite.

Cet homme tend son filet pour prendre du poisson.

J'ai vu une bande de voleurs qui s'avançait sur le village.

Il y a un homme qui vous apporte une lettre.

Avez-vous vu un rat se glisser dans ce trou ?

Le mandarin a affiché ce papier sur le mur de la maison.

Vous vous êtes bien battus contre les pirates, maintenant le mandarin vous permet de retourner chez vous.

Je vous demande de vous reconduire chez vous.

Je ne veux pas de ceci, (assez) enlevez-le.

Abaissez la branche, que je cueille des oranges.

Appuyez sur le loquet de la porte.

Quand vous entrerez dans la maison du mandarin, il faudra incliner la tête.

Il vit le bateau couler dans la Rivière Noire, aussitôt il plongea pour sauver les gens.

---

(1) Quelques.
(2) Bien.

CHAPITR VI.

DE L'ADVERBE

§ 1. — *Adverbes de lieu usuels.*

Ká laeu, où?
Ị, yóu nị, ici.
Dễ, hạnne, yóu hạnne, là.
Tễng, yóu tễng.) dessus.
Nũa, yóu nũa.)
Tạẹu, yóu tạẹu, dessous.
Kouang, yóu kouang, dedans.
Noc, yóu noc, dehors.
Kóne, tãng kóne, devant.
Tãng nạ,   —

Tãng lãng, derrière.
Láck, loin.
Tchãmme, près.
Fạille nì, ãng nị, par ici.
Fạille nànne, tãng nànne, par là.
Fạille nãeu, tãng nãeu, de l'autre côté.
Liêpe, autour.

Exercice.

Ạille païँ ká laeu dễ? Ạille hêne kou yóu nị; pêne sueũng laeu báô mã tchamme?

Ạille païँ kóne hote tchễu soũme ông óc noc.
Bạne nì hêne tô sua tchǒk liêpe hucũne.

Sáô yạne tô sua mã khạô bạne.

Ạille khị mà païँ láck laille, khọille laĩne tõille lãng báô leupe.

Ạille aie păïँ quõi tãng nì hũ va tãng nànne?
Khọille aie païँ hote ká houa tãng.

Où allez-vous là-bas? Vous voyez que je suis ici ; pourquoi n'approchez-vous pas?
Allez devant jusqu'à ce que nous (messieurs) soyons dehors.
Les gens de ce village ont vu un tigre rôder autour des maisons.
Les gens ont peur que le tigre ne vienne dans le village.
Vous êtes allé à cheval très loin, j'ai couru derrière sans pourvoir vous atteindre.
Vous voulez aller vous promener par ici ou par là?
Je veux aller jusqu'au bout du chemin.

§ 2. — *Abverbes de temps, simples*

Gnãng, encore, de reste.
Laĩo, déjà, ensuite.
Leung, toujours.
Khêng) continuellement.
Hũa)
Leupe, à temps.
Lúck, tard dans la nuit.
Pouc, demain.
Tchảng, alors seulement.

Tchaô, de bonne heure, le matin.
Hũ, alors (ne se traduit pas en général et se place devant le deuxième membre de la phrase).
Kóne, avant.
Mũa, époque, quand.
Tchễu, heure, quand.
Kễng, de suite.
Tchõme, à peine.

8

Tchi ((ces particules qui marquent le fu-
Koïlle(tur se placent avant le verbe).
Khaï, maintenant, à présent,
Maéu, encore, de nouveau.

Saille, à midi, vers le milieu du jour.
Tchàille, l'après-midi.
Kamme, le soir.
Mute, le soir, la nuit.

Exercice

Mũa khoïlle põ aïlle, khoïlle gnãng tchèpe
tine, baò hẽ li.

Quand je vous rencontrai, j'avais encore
mal au pied, je n'étais pas encore
guéri.

Mũa kónc khoïlle nõne túne, aïlle paï yète
nã.

Avant que je ne me réveille, vous partez
travailler dans la rizière.

Khoïlle tó faïlle heung laïlle, laïo khoïlle
mã huẽune lúck.

J'ai joué aux cartes très longtemps, ensuite je suis revenu tard à la maison.

Po khoïlle tchõme paï, aïlle paï kẽng
toïlle leupe.

Mon père vient de partir, suivez-le vous
le rattrapperez.

Pouc khoïlle tchí paï báine nòk, gnã mã
kaïlle tchẽu suẽung kaò (1) nànne.

Demain je vais à la chasse aux oiseaux,
ne venez pas en retard comme les autres fois.

Song pi nì ẽme mãnne taïlle, mãnne
guãng haï kêng.

Il y a deux ans que sa mère est morte et
il pleure toujours.

Same mù maéu khoïlle tchí paï thi, laïo
khoïlle tchí yǎng.

Dans trois jours je vais passer l'examen,
ensuite je me reposerai.

Mũa khoïlle gnãug nòïlle, khoïlle paï
nõne tchaó; khaï khoïlle gnaéu khoïlle
paï nõne lúck.

Quand j'étais encore petit, j'allais me coucher de bonne heure; maintenant que
je suis grand, je vais me coucher tard.

Aïlle nõne túne saille, khoïlle túne kóne
aïlle.

Vous vous levez tard (vers midi), je me
lève avant vous.

§ 3. — *Adverbes de temps composés*

Les plus usuels sont les suivants :

Baò hẽ, pas encore.
Khaï naï, maintenant, à présent.
Khaï nì,   —
Báng nì, dans ces derniers temps.
Kang vẽne, pendant le jour.
Kang kũne, pendant la nuit.
Tẽng vẽne, à midi.
Tẽng kũne, à minuit.
Tchẽu tchaó, le matin, au matin.
Tchẽu saille, le midi, vers midi.
Tchẽu tchàille, l'après-midi.
Tchẽu kamme, le soir, au soir.

Tchẽu mute, à la nuit.
Mũa khoaic, tout d'abord.
Mũa kóne,   —
Mù sũne, l'autre jour, avant-hier.
Mù ngoï, hier.
Mù nì, aujourd'hui.
Mù pouc, demain.
Mù hũ, après-demain.
Song same mù maéu, (2, 3 jours encore)
un de ces jours.
Hote tchiêng, au jour de l'an prochain.
Pi nạ, hote pì maéu, l'année prochaine.

______

(1) Kaò, vieux. Comme au vieux (temps) là.

Pi kaille, l'année dernière.
Mŭa nànne, tout à l'heure.
Mŭa kaing sí, à la 4ᵉ veille.
Tchàô mù nì, ce matin.
Tĕng vĕne tĕng kŭne, nuit et jour.
Kŏille kŏille, de temps en temps.
Leupe túck, sur le champ, aussitôt:

Tchôpe nung, un moment.
Heung mù, longtemps, pendant de longs jours.
Móille tchàô móille tchàô, tous les matins.
Mŭa laille, autrefois.
Mŭa kóne, auparavant.
Khaï paï nạ, dorénavant.

Exercice

Bàng nì mŭng kú tū kŭne laïo nŏne vĕne; tchĕu laeu tchi yète tŏille sáô?

Ces temps derniers tu as continué à veiller la nuit et à dormir le jour; quand donc feras-tu comme tout le monde?

Tchàô mù nì mŭa khoaic khọille paï tchoung ngoŭa tchoung koãille, laïo khọille paï yète nã.

Ce matin, tout d'abord j'ai été conduire les bœufs et les bufles, ensuite j'ai été travailler à la rizière

Hote tchiĕng, aïlle haẹu nòng (1) khạng póc kŏ ngeŭne.

Au jour de l'an, vous me donnerez un collier d'argent.

Hote tcheŭ mŭng são touẹil, kŏille kŏille po tchí haẹu paï báine nôk.

Quand tu auras vingt ans, de temps en temps ton père te permettra d'aller à la chasse aux oiseaux.

Pi nạ tchi paï kã.

L'année prochaine je ferai du commerce.

Khaï mŭa nạ, koc nì gnóc khụne soung.

Plus tard, cet arbre deviendra grand.

Aïlle lạï su, khọille fác paï hạ mŭa nànne báô?

Avez-vous reçu la letre que je vous ai envoyée tout à l'heure?

Mŭa kaing sí ông lạï ngīne tappe kông báô?

A la 4ᵉ veille, avez-vous (Monsieur) en-entendu battre le tamtam?

Mù sŭne yète gnúa ngoŭa, hote mù hŭ yète gnúa koãille.

L'autre jour on a tué un bœuf, après-demain on tuera un bufle.

Mŭa kóne mănne yète viac tĕng vĕne tĕng kŭne.

Auparavant, il travaillait nuit et jour.

Lạï heung mù, kou báô pŏ aïlle, aïlle gnăng hạo báô?

Voilà de longs jours que je ne vous ai pas rencontré, êtes-vous toujours bien portant?

Song same mù maéu, tcháng tchi paï yame aïlle.

Un de ces jours, j'irai vous voir.

Lăng mă tchí mī viac sang, kou tchi tchoille haẹu.

Plus tard, si c'est nécessaire, je vous aiderai.

Móille tchàô móille tchàô kóne mète, kou paï ápe nạng nàmme.

Tous les matins, avant tout je vais me baigner dans la rivière.

§ 4. — Adverbes de manière.

Les adverbes de manière, qui sont formés en français d'un adjectif suivi généralement de la terminaison ment, sont les plus nombreux.

---

(1). La femme parlant à son mari emploie souvent pour le pronom de la 2ᵉ personne le mot aïlle (frère aîné), et pour celui de la 1ʳᵉ personne le mot nòng (sœur cadette).

Ils se traduisent en taï par l'adjectif lui-même, précédé souvent du mot *haçu* (pour) et quelquefois du mot *sueüng* (manière).

Le comparatif et le superlatif de ces adverbes se forme comme pour les adjectifs.

Enfin en répétant certains de ces adverbes, on obtient le comparatif *un peu plus*.

Exercice.

Männe paï haçu vänne.	Il marche vivement.
Sèu ngeüne yète tchang laille.	L'orfèvre travaille très habilement.
Tua úne kou tchí tappe müng haïng heune.	Une autre fois, je te battrai plus fort.
Soüme bạ mä nị tchamme tchamme kou tchí bóc haçu.	Vous autres, venez un peu plus près que je vous dise.

§ 5. — *Adverbes de quantité.*

Les plus usuels sont les suivants :

Kò páie, autant, aussi, comme.	Laille, beaucoup.
Sueüng, —	Heune, plus.
To laeu, autant.	Nòille, peu.
Kị, —	Nòille sia, moins.
Kang... kang, plus... plus.	Sueüng nànne, ainsi.
Tchí aó, presque.	

Exercice.

Aịlle khọille tóuçil káie kò páie ao aịlle.	Mon père est aussi âgé que votre oncle.
Mï to laeu lạô, tchí aó só (1) to laeu nàmme.	Mettez autant d'eau qu'il y a de vin.
Bạ nì mäô lạô, kang kine laille kang sáipe laille.	Cet individu est ivre, plus il boit plus il a soif.
Sèu mäï yète hịng tchí aó laïo.	Le charpentier a presque fini l'armoire.
Tô mà kine khạô nòille sia tô lŏ.	Le cheval mange moins de paddy que le mulet.
Khọille báô mạck väï, aịlle khaille kị mánne, khọille tchí sù kị mánne.	Je n'aime pas marchander, vous vendez tant de piastres, j'achèterai tant de piastres.

§ 6. — *Adverbes d'affirmation.*

Le mot *oui* se traduit en taï par des mots différents suivant la qualité d'inférieur, d'égal ou de supérieur de la personne à laquelle on s'adresse et suivant que l'on répond à une question ou que l'on acquiesce à un ordre.

Les différentes façons de le traduire sont les suivantes :

U (oui), est employé de supérieur à inférieur ou d'égal à égal.

Mï (avoir), s'emploie pour répondre à une question du genre de celle-ci « y a-t-il? ».

---

(1) Aó só, mettre dans. Remarquer la construction de la phrase taï « avoir tant de vin, alors mettre dedans autant d'eau ».

Maine ou *tchù* (il faut), s'emploie pour répondre à une question du genre de celle-ci
« faut-il ? ».

Yac (bien) est employé par l'inférieur pour acquiescer aux paroles de son supérieur.

De plus l'inférieur qui s'adresse à son supérieur emploie les formules de respect
suivantes :

Tchiêng quoine louong, pardon grand mandarin ; *lâï quoine louong*, pardon grand
mandarin, dans lesquelles l'appellation *quoine louong* peut être remplacée par celles
de *quoine* (mandarin), *ông* (monsieur), *fiâ* ou *sâille* (maître), etc.

Citons encore quelques autres adverbes d'affirmation :

Bâô suille, sans manquer.

Khack, sûrement.

Taie. vraiment (qui se met souvent à la
fin des phrases).

Exercice.

Tchiêng quoine louong, mïa khọille
tchôme óc louc, khọille só quoine
louong hạeu khọille paï aô ya.

Pardon grand mandarin, ma femme vient
d'accoucher, je vous prie de me per-
mettre d'aller chercher des médicaments.

Ụ, kou hạeu mũng yầng tâô hole mãnne
li.

Oui, je te permets de te reposer jusqu'à
ce qu'elle soit guérie.

Só ạille hạeu khọille yône mánne tchãine
nung.

Je vous prie de me prêter une piastre.

Ụ, khỗille kóne, kou paï sáo nạng hòpe.

Oui, attends d'abord que je cherche
dans la boîte.

Ạille bâô lại ngĩne viac sang, hũ va
sueũng laeu ?

N'avez-vous entendu parler de rien.

Mĩ, khọille ngĩne bâô mĩ scúck.

Si, j'ai entendu dire qu'il y avait des
pirates.

Tchiêng ông mĩ line viac ni bâô ?

Pardon, monsieur, avez vous confiance
dans cette nouvelle ?

Maine.

Oui.

Bèpe, hạeu lo tône khạô nẽu.

Cuisinier, il faut t'occuper de préparer
le dîner, n'est ce pas ?

Yac, tchiêng fiã, tchi khạ pète khạ káï
bâô ?

Bien, monsieur, faut-il tuer des canards
et des poulets ?

Ụ, tône nàmme maéu.

Oui, fais du thé aussi.

Yac.

Bien.

Mãnne ba, hũ mãnne tchi paï, baô saille.

Il le dit, donc il partira, sans faute.

Khọille tchú khack pỗ kỗne ni mù sũne.

Je me souviens parfaitement avoir rencontré cet homme un jour.

Khọille áie nône, tàie.

J'ai sommeil, vraiment.

§ 7. — *Adverbes de négation, d'interrogation et de doute*

Les principaux adverbes de négation sont les suivants :

Bâô, ne pas, non.

Gnã, ne... pas (avec défense).

Les adverbes interrogatifs les plus usuels sont les suivants :

To laeu, combien? (quantité).
Kị laille, — (nombre).
Pêne sŭ, pourquoi?
Pêne sueŭng laeu, pourquoi?
Sŭ, comment?

Sueŭng laeu, comment?
Sueŭng, si.
Tchù, si.
Mĩ tua, (il y a des fois) peut-être?

Exercice

Maĩ hueŭne kou, tcháng hoù sueŭng laeu khaï naï?

Mĩ tua, mănne gnăng yoú tăng nì?

Haŏ baŏ hoù, mĩ tua saŏ païf hŭ và saŏ yoú, baŏ tcháck.

Aflle ngámme sueŭng laeu?

Kou bóc yête viac, sŭ baŏ făng?

Tchù seúck mã nị, óc sueŭng laeu baçu yène?

Kou baŏ hoù, ká laeu (1)?

Quoine bóc khạme nàmme, sŭ laï?

Ma maison brûle, comment faire maintenant?

Peut-être est-il encore par ici?

Nous ne savons pas, peut-être sont-ils partis, peut-être sont-ils restés.

Qu'en pensez-vous?

Je vous dis de travailler, pourquoi ne m'écoutez-vous pas?

Si les pirates viennent, qu'adviendra-t-il pour le peuple?

Je ne sais pas?

Le mandarin dit de passer la rivière, comment faire?

CHAPITRE VII

DE LA PRÉPOSITION, DE LA CONJONCTION ET DE L'INTERJECTION

§ 1. — *Des prépositions de lieu*

Les plus usuelles sont les suivantes :

Fàille, vers, du côté de.
Tăng, vers, dans la direction de.
Hoté, taŏ hoto, jusqu'à.
Tạeu, kọng, sous.
Têng, nŭa, sur.
Tchamine, près de.
Kouang, dans.
Óc, nok, hors de.

Kóne, nạ, devant.
Lăng, derrière.
Nạng, ká, à, sur.
Tọne, au devant de.
Kaille, à travers.
Toïlle, le long de, avec.
Liêpe, autour.

§ 2. — *Autres prépositions*

Kăng, pendant.
Haçu, à, pour.
Khong, à, appartenant à.

Kúppe, avec.
Gnĕu, moyennant, grâce à.
Tŭ, tŭ óc, excepté.

---

(1) L'expression *kà laeu* (où) placée ici à la fin de la phrase est une interrogation négative qui doit donc se traduire par « nulle part ».

Toïlle, suivant, le long de.   Pŭa, à cause de, par.
Hote, au sujet de.   Yane, de peur de.
Kàppe, nang, avec.   Bàô yane, sans craindre, malgré.

§ 3. — *Exercice sur les prépositions*

Pi màéu kou paï mã faille Taï.

L'année prochaine, je retourne en Europe.

Aïlle nànne nang faille khoi, kou yune faille saïlle.

Il est assis à droite, je suis debout à gauche.

Bang hŭa pine faille khoi hŭ va faille saïlle?

Le bateau tourne-t-il à droite ou à gauche?

Mãnne yune baô laï mãnne maine ing saô.

Il ne peut pas se tenir debout, il est obligé de s'appuyer contre le pilier.

Mãnne yóu kouang hueŭne óc.

Il sort de (1) la maison.

Mŭng yóu ká laeu mã?

D'où (2) viens-tu?

Kou paï tãng nì, mŭng kaïng paï tãng hueŭne nànne, taô hote màï sáng.

Je vais par ici, allez du côté de cette maison-là, jusqu'au bambou.

Aô lóua vàï kong yuéung.

Placez le bois (à brûler) sous le lit.

Mãnne aô boung vàï nang dine.

Il pose le panier par terre.

Kãing lỗng nang huã tảck nàmme.

Montez (3) dans la pirogue pour épuiser l'eau.

Mãnne nang tchamme pác tou.

Il est assis près de la porte.

Khoïlle kióu mãnne khóille taille, tàie khoïlle aô ya haeu mãnne kine.

Se l'ai sauvé de la mort, parce que je lui ai donné un remède à boire.

Faeu taiỗ khoïlle tchãille hŭ tchỗ fate.

Quiconque se sauvera du camp sera puni.

Hueŭne hok khoang tchèu.

La maison d'école est en face du marché.

Kãing aô ngouã khoãille óc taô.

Mènes les bœufs et les buffles hors de l'étable.

Ba nì, mãnne baô yête viac, mãnne paï ine ká tchèu tếng mù.

Cet individu ne travaille pas, il va s'amuser au marché toute la journée.

Dang sŭ paï kaille pá, tô ngỗu khỗpe tine mãnne (4).

Pendant qu'il traversait la forêt, un serpent l'a mordu au pied.

Mŭng thame mãnne seúck kaille bane nì baô?

Demandes-lui si les pirates sont passés par ici?

Gnã yête viac kaille hãing, yane nuéil.

Ne travaillez pas au delà de vos forces, de peur de vous fatiguer.

Kák daô môk hòu fáille nì pi nòng, suéung laeu báô tone fáille nì?

Vous (5) savez que je (6) suis un ami, pourquoi n'êtes-vous pas venus au devant de moi?

---

(1) Se traduit par la tournure « il est dans maison sortir ».
(2) Se traduit par la tournure « tu es où venir? ».
(3) Pour traduire l'expression *monter* dans un bateau, on dit toujours *descendre*, etc.
(4) Littéralement « le serpent mordre pied lui ».
(5) Vous, *les notables*.
(6) Je, *de ce côté ci*. Cette expression s'emploie quelquefois au lieu du pronom personnel de la 1re personne.

Pi kaïlle kou yóu laï tchête buéune nạng muẽung Loung.

L'année dernière, je suis resté sept mois à Tóu-lệ.

Fọu toụeil noïlle maine paï lăng fọu laïlle toụeil.

Les jeunes doivent marcher derrière les vieux.

Tăng paï toïlle nàmmẹ.

Le chemin va le long de la rivière.

Mănne kine yóu toïlle fáipe.

Il se conduit suivant les usages.

Tchẽu hũa foúc laĩo, pũng kỗne láille óc bồk.

Quand le bateau fut attaché, les bateliers descendirent sur le rivage.

Táie túnẹ tchàô hote khãï, báô hễ kinẹ khạô sáck kămmẹ.

Depuis mon réveil jusqu'à présent, je n'ai pas encore mangé un morceau de riz.

Fà fône, aô hóuc khạô hueũne, yạne mănne sia lã.

Il pleut, mettez le métier-à-tisser dans la maison de peur qu'il ne s'abîme.

Po khọille póuc koc màï liêpe hueũne.

Mon père plante des arbres autour de la maison.

Paï khaic ao kaïlle yune nạng tchamme kồk koc màï nànne

Allez appeler le caporal qui est debout près du tronc d'arbre.

Soũme màï naẽu mĩ fáille nì nàmme hũ va fáillẹ naẽu ?

Ce bouquet de bambous est-il de ce côté de la rivière ou de l'autre côté ?

Tễng kũne mănne tó fãille, tễng vẽne mănne paï nỗne.

La nuit il joue aux cartes, le jour il va se coucher.

Sỗu í (1) maine loũa hũ fạille ?

Ton parapluie est-il en soie ou en coton ?

Kỗne tãï kine khámme (2) thỗu.

Les taïs mangent avec des baguettes.

Kouong Nuẽuc name ky, sáô aô baeu kỗ moũng hueũne.

En Cochinchine on couvre les maisons avec (3) des feuilles de palmier.

Mănne aô ya khạ ma.

Il tue les chiens avec du poison.

Khọille só po tátte haẹu kămme báing nung.

Je vous prie, mon père, de me couper un morceau de pain.

Khọille báô hòu tcháck pappe su nì khong facu, khọille aô mã baẹu aïlle.

Je ne sais pas à qui est ce livre, je vous l'apporte.

Kou bóc mănne yête mack haio mănne.

Je lui ai dit de faire à sa guise.

Tễng ká pi nóng kò yằng tũ óc khọille yête viac.

Tous mes amis se reposent excepté moi qui travaille.

Táie buéune kóne fã fône kêng.

Depuis le mois dernier il pleut constamment.

Maine yête toïlle li fáipe.

Il faut agir suivant les coutumes.

Mănne thame hote po maie khọille gnăng lạo báô.

Il s'informe si mon père et ma mère sont toujours bien portants.

Mănne yóu hueũne kêng, pũa tchane.

Il reste à la maison constamment, par paresse.

Ao nànne, aïlle nòng nạng po khoille.

(Cet oncle là) il est l'aîné de mon père.

Mănne óc paï noc tong, báô yạne fône.

Il sort dans la campagne, malgré la pluie.

---

(1) Í veut dire toi en parlant aux femmes.

(2) Avec se traduit ici par khámme, tenir. Il en sera de même chaque fois qu'il s'agira d'un instrument que l'on tient pour faire quelque chose.

(3) « Couvrir avec des feuilles » est remplacé par « prendre des feuilles pour couvrir » cette forme de phrase est très usitée en taï.

§ 4. — *Des conjonctions de coordination*

Les plus usuelles sont :

Káppe, et.
Kò... maéu, ainsi que, encore, de plus.
Hŭ, alors.
Feune nung... feune nung, d'un côté...
    de l'autre.
Hŭ va, ou bien.
Gnăng, encore.
Kò gnăng... maéu, de plus.

Maéu (à la fin du membre de phrase), de
    plus.
Lọ, à savoir.
Hác va, mais.
Song mă, mais encore.
Sueŭng tchou tua, ordinairement.
Mĭ khou nung, mais seulement.
Tchŏme, alors seulement, ne... que..

Exercice.

Viac pouóne viac mouone kò maine
    tchiòu.
Quoine tappe mănne, kò lăï maéu.

Taille hŭ va haïng, kou kò aie pátte
    mănne.
Tĕng song viac kò koúi.

Aïlle khaïlle païng laïlle, khọille báô
    tchiòu sù.
Bạ nì khó mo laïlle, feune nung mănne
    tchêpe, feune nung mănne tchiòu nĕu
    sáô.
Soua mête, gnăng paï kọu ngeŭne
    maéu.
Kouang hạne ni mĭ laïlle kŏne yóu, lọ sì
    hòïlle same sípe kŏne tchaïlle, same
    hòïlle hŏk sípe laïlle kŏne gnĭng.

Mănne haçu khọille laïlle ngeŭne, hác va
    khọille gnăï mănne.
Kine quoinne yang, báô óc saug, song
    mā haïlle maéu.
Mŭng kò mĭ tòng (1), hác va tchàne
    laïlle.
Sueŭng tchou tua tă khạô nung khọille
    gnóc lạï, mĭ khou nung mù nì khọille
    tchêpe mŭ hŭ báô lạï.
Tchéu kou mĭ ngeŭne, tchŏme sù lạï
    koúk hou haçu nòng.

Il faut accepter les choses tristes comme
    les choses gaies.
Le mandarin l'a battu, et de plus il l'a
    incarcéré.
Mort ou vif, je veux l'attrapper.

Les deux affaires sont toutes deux im-
    portantes.
Nous vendez trop cher, je ne veux pas
    acheter.
Ce garçon là est bien malheureux, d'un
    côté il est malade, de l'autre il a des
    dettes.
Il a tout perdu, et de plus il emprunte
    encore de l'argent.
Dans ce village, il y a beaucoup d'habi-
    tants, à savoir quatre cents trente
    hommes et trois cent soixante et quel-
    ques femmes.
Il m'a donné beaucoup d'argent, et
    cependant je le hais.
Fumer l'opium ne sert à rien, mais encore
    est nuisible.
Tu est intelligent, mais très paresseux.

Ordinairement je puis soulever un picul
    de riz, mais seulement aujourd'hui j'ai
    mal à la main.
Quand j'aurai de l'argent, alors seulement
    je pourrai t'acheter des boucles d'o-
    reilles.

---

(1) Remarquer cette expression *avoir ventre* pour *intelligent*.

§ 5. — *Conjonctions de subordination*

Les plus usuelles sont les suivantes:

Baô tchi, sinon.
Mack haio, (placé à la fin du membre de phrase) quoique.
Ngià lọ, c'est-à-dire.
Suếung
Tchù } si.
Gnête lọ, surtout.
Keŭ, que.
Kò, aussi.
Kò keŭ, aussi... que, comme.
Huếung... to laeu, huếung... to nànne, plus... plus.
Hiac, que.
Gnã, yạne, de peur que.

Pếne táie, parce que.
Haẹu
Vài
Lại } pour que, afin de, pour pouvoir.
Haẹu lại
Muã
Tcheŭ } quand, lorsque, pendant que.
Dang sŭ
Moílle tua, chaque fois que.
Tua lang... laiŏ, une fois que (passé).
Hote tcheŭ, quand (futur).
Táie, depuis que, du jour où.
Tchòme, dès que, à peine... que.
Hŭ, alors, c'est pourquoi.

Exercice

Quoine bóc yête viac, bảò tchi fate.

Le mandarin a dit de travailler, sinon il nous punira.

Mănne khỏ mack haio (1), hảc va mănne hạo.

Quoiqu'il soit pauvre, il est bien portant.

Khóte nì ńgìa lọ sang ?

Que signifie ce mot ?

Gnã tchàne, gnête lọ lêck nòille.

Ne soyez pas paresseux et surtout les enfants.

Khọille yạne koãille kò kếu yạne sua.

J'ai aussi peur du buffle que du tigre.

Huếung aịllé mĩ ngeŭne to laeu, huếung tòne to nànne.

Plus vous avez d'argent, plus vous dépensez.

Huếune aịlle mouone heune huếune khọille.

Votre maison est plus agréable que la mienne.

Kaĩng laio tóne gnúa gnã tô ma kine.

Suspendez le morceau de viande, de peur que le chien ne le mange.

Kou haẹu mũng yằng mù nì, hảc maine hote mù pouc mũng yête viac haẹu mête haĩng.

Je te permets de té reposer aujourd'hui, pourvu que demain tu travailles de toutes tes forces.

Tchù aịlle áie paï tàne Vạne lêne, tchí haẹu yồne tô mà nung li laille.

Si vous voulez aller à Vane lêne, je vous prêterai un très bon cheval.

Mănne hãï pêne táie to ma khộpe mănne.

Il pleure parce que le chien l'a mordu.

Aịlle khọille tchŏme mã, hŭ khọille mouone laille.

Mon père est revenu, c'est pourquoi je suis très content.

Eme khọille tchêpe, hŭ kine ya haẹu di.

Ma mère qui est malade, prend des médicaments pour se guérir.

---

(1) Il est pauvre « c'est possible, mais » il est bien portant.

Khọille laine haẹu lạï pátte kŏne lack.

Níc óc lại sáô paï.
Muã í kine khạô, khọille paï báine nôk.

Móille tua mũng mũa hock mã hueũne, haẹu áipe bäille.
Mănne maine yóu toũ taŏ mănne pang neũ mête.
Tua lăng mănne nŏne tùne laïo, paï yête nã.
Táie hòu pác, mănne áipe su hòu laille.

Pŭng seúck tchŏme hêne hãô, hũ mănne laine mête.
Khọille sueung fọu ni kêu po khọille.
Sueũug mănne tọne väï hũ tappe paï.

Je cours pour pouvoir rattrapper le voleur.

Ecartez-vous pour qu'on puisse passer.
Pendant que vous mangez, je vais à la chasse.
Chaque fois que tu reviens de l'école à la maison, il faut apprendre ta leçon.
Il doit rester en prison jusqu'à ce qu'il ait payé ses dettes.
Quand il fut levé, il alla travailler sa rizière.
Depuis qu'il sait parler, il apprend les caractères, il en connaît beaucoup.
A peine la bande de pirates nous eût-elle apperçus, qu'elle s'enfuit toute entière.
J'aime cet homme comme mon père.
S'il résiste, battez-le.

§ 6. — De l'interjection

Nĕ, eh! dites-donc, dis-donc (pour appeler l'attention).
Éuille, eh! ô! (pour appeler de loin, interjection indiquant le vocatif.).
Tchã tchá, oh! tiens! (marque l'étonnement).
Khó mo, ah! malheur! hélas!
Di laille, très-bien! tiens! (contentement et étonnement).

Í, fi donc!
Di kháio laille, quelle adresse!
Nĕu, n'est-ce pas, n'oubliez pas! (recommandation, à la fin des phrases).
Euille, tiens! (étonnement).
Ô, un instant! ce n'est rien!
Eu, c'est cela.

Exercice

Nĕ! tăng ni paï ká lacu?
Huã euille, khạô mã ni, haẹu kou paï tŏille.
Bạne khouăng cũille! saô khạ khọille!
Tchã tchá! ạille paï ká laeu mã? same buéune ni, khọille báô pŏ ạille?
Ême cũille! khọille tchèpe laille.
Khó mo! ĕme khọille tchèpe laille. Ạllle paï aô ya.
Di laille! ao kaille báine tchápṗe kang tcheung bia.
Í bia tchamme laille, tchi khó sang dĕ?

Di kháio laille?

Dis donc! où va ce chemin?
Eh! le bateau! accostez ici, que j'embarque.
(Village, cour) au secours! on me tue!
Tiens! d'où venez-vous donc? voilà trois mois que je ne vous ai rencontré?
O ma mère! je suis bien malade.
Malheur! ma mère est bien malade. Allez chercher des remèdes.
Très-bien! le caporal a tiré juste au milieu de la cible.
Fi donc! la cible est tout près; qu'y a-t-il là de difficile?
Quelle adresse!

Khọille paï yêté viac mã nuéil laille ; ạille tọme nàmme-haẹu khọille kị tchàine nẽu ?

Je reviens du travail très fatigué ; faites-moi quelques tasses de thé, n'est-ce pas ?

Euéil ! ạille beúng óc khànne laille.

Tiens, mais ! vous semblez très-bien portant.

Ô ! kòille kóne, tchí lou.

Ce n'est rien ! attendez un peu, je vais voir.

Eu ! ạille mã haeu vãnne.

C'est cela ! revenez vite.

FIN DE LA DEUXIÈME PARTIE

TROISIÈME PARTIE

ETUDE SUR L'ÉCRITURE TAI

Nous diviserons cette étude en trois chapitres :

CHAPITRE Ier. — DE L'ALPHABET TAI.
CHAPITRE II. — DE L'EMPLOI DES TÔS OU CONSONNES.
CHAPITRE III. — DE L'EMPLOI DES MAILS OU VOYELLES.

CHAPITRE PREMIER

§ 1er. — *De l'alphabet taï*

Quoique la langue taï soit presque identique à la langue laotienne et diffère très peu de la langue siamoise, ces trois langues ont cependant chacune des caractères différents.

L'alphabet taï se compose de deux séries de signes, qui sont :

1° les *tôs*, qui correspondent à peu près à nos consonnes ;

2° les *mails*, qui correspondent à peu près à nos voyelles et à nos diphtongues.

Le premier chapitre de cette étude sera employé à l'exposition et à la définition de ces deux séries de signes.

Le chapitre 2 sera réservé à l'étude des *tôs*, et le chapitre 3 à l'étude des *mails*.

§ 2. — *Etude des tôs*

Les *tôs* sont destinés, non seulement à représenter les consonnes, mais encore à indiquer, dans une certaine mesure, le ton dans lequel doit être prononcée la syllabe qui forme le mot taï.

Chacune de nos consonnes correspond à deux *tôs* :

Exemple le *k* français correspond au *tô ko* et au *tô kô*. On emploie l'un ou l'autre suivant le ton qui affecte la syllabe, comme nous le verrons dans le chapitre II.

Dans le tableau qui va être exposé ci-dessous, on remarquera que :

Les *tôs vo*, correspondent indifféremment au *b* ou au *v* ;

Les *tôs lo*, indifféremment à *d* ou *l* ;

Les *tôs no*, indifféremment à *m* ou *n*.

Pour le *b* et le *v* d'une part, le *d* et l'*l* d'autre part, cette confusion est complète même dans le langage.

Ainsi les taïs diront indifféremment *ban* ou *van*, *din* ou *lin*.

Il n'en est pas de même pour l'*m* et l'*n*, qui, très distincts dans le langage, ne se confondent que dans l'écriture.

C'est pour cette raison, entre autres, qu'un mot taï écrit, peut réprésenter plusieurs idées différentes et ne peut être lu avec sûreté que s'il est placé dans le courant d'une phrase, dont le sens général précisera celui des mots qui pourraient présenter une certaine incertitude.

On verra aussi, dans le tableau qui suit, que la consonne *l* ou *d* est représentée par 4 tôs, qui sont : le *tô lo*, *tô lŏ*, *tô lo lang*, *tô lŏ lang ;* mais les deux derniers sont rarement usités.

Enfin, si nous avons dit, en commençant, que les *tôs* correspondaient « à peu près » à nos consonnes, c'est que deux lettres que nous considérons en français comme des voyelles, l'*o* et l'*y*, sont cependant compris parmi les tôs.

Ceci s'explique aisément pour l'*y*, dont la prononciation se rapproche beaucoup de celle de la consonne *j*. En prenant comme exemple le mot anglais *yacht*, nous nous apercevons qu'il ne faut pas renforcer beaucoup l'*y* de ce mot pour prononcer le mot *Jack*.

Quand à voyelle *o*, si elle est classée parmi les *tôs*, c'est que le *to o*, tient la place de la consonne tonique dans tous les mots qui n'en ont pas. Exemple : *aô*, s'écrit en taï comme s'il y avait *oaô*.

Enfin, pour compléter ce tableau des tôs, il faut y ajouter deux caractères qui correspondent non plus à des consonnes, mais à deux mots très usuels. Ce sont :

nung, un. kône, homme.

Les mots *nung* et *kône* peuvent aussi s'écrire avec les tôs et les mails qui correspondent aux consonnes et aux voyelles qui les forment.

* *
*

§ 3. — *Des mails.*

Les *mails* forment la 2ᵉ série de signes qui complète l'alphabet taï. Ils correspondent à nos voyelles et à certaines de nos diphtongues.

Ils ne s'écrivent pas dans l'ordre naturel, c'est-à-dire que la voyelle qui suit la consonne initiale ne se place pas toujours à sa droite. Suivant la classe à laquelle elle appartient, elle peut se placer :

Avant ; Après ; Dessus ; Dessous.

C'est pour cette raison que nous n'employons pas le mot *tô initial*, pour le tô qui correspond à la consonne initiale, mais bien *tô tonique*, parce que c'est lui qui varie avec le ton.

En résumé l'alphabet taï de compose de :
1° 38 tôs ; 2° 16 mails ;
Soit en tout 54 signes dans la composition desquels entrent seulement 47 signes simples bien distincts.

CHAPITRE II

DE L'EMPLOI DES TÔS DANS L'ÉCRITURE

Les tôs servent, dans une certaine mesure, à indiquer le ton dans lequel la syllabe devra être prononcée.

Il est facile de comprendre que les deux tôs qui correspondent à une de nos consonnes ne peuvent pas indiquer spécialement lequel des 5 tons devra être employé. Cependant, comme nous allons le voir en les passant en revue, l'emploi du tô n° 1 ou du tô n° 2 peut donner une indication pour le ton à employer d'après les trois règles suivantes :

1° Le tô n° 1 est le tô tonique correspondant au ton ascendant, au ton guttural et quelquefois au ton moyen ;

2° Le tô n° 2 est le tô tonique correspondant au ton supérieur infléchi, au ton moyen infléchi et quelquefois au ton moyen ;

3° Le tô n° 2 est toujours employé à la fin des mots à l'exception du tô bo, du tô ko et du tô lo, qui sont des tôs n° 1. Il est à remarquer que ces trois tôs ne représentent plus alors les consonnes *b, k* et *l.*

Nous allons passer en revue les différents tôs et examiner la façon dont ils sont employés et à quelles consonnes ils correspondent.

1° Le tô bo (   ) est, suivant les cas, tonique ou final :

Tonique il correspond au *b* ou au *v* français, ces deux lettres n'étant pas distinctes pour les oreilles taï ;

Final il correspond au *p* et fait ainsi l'office du tô pô (   ).

On emploie aussi le tô ho vo (   ) qui est toujours tonique.

Le tô bô ou tô vô (   ) est aussi, suivant les cas, tonique ou final.

Considéré comme tô tonique ou final, il correspond au *b* et au *v*.

Mais on le trouve aussi entrant dans la composition des diphtongues et remplaçant la voyelle *o*, comme nous le verrons au chapitre III.

Le tô bô ou tô vô peut s'écrire aussi (   ). Sous cette forme, il correspond toujours aux consonnes *b* et *v*.

Exemples :

bóne, endroit.

bặng, tuyau.

võng, cercle.

bĭ, éventail.

bóc, dire, commander.

bi, peigne.

beúte, diminuer.

2º Le tô ko ( ) est tonique ou final et correspond au *k* français.

Il est de plus employé pour représenter les tons arrêtés. Dans ce cas, nous le représenterons toujours dans l'écriture française par un *c*. Cette lettre qui se prononce en siamois, en laotien et en taï blanc, ne se prononce pas en taï noir; elle est alors remplacée par un arrêt brusque dans la voix.

Le tô kŏ ( ) correspond aussi au *k* français. Il ne s'emploie jamais à la fin d'un mot.

Exemples :

kaio, annamite.

kaing, garde.

kaĭo, mâcher.

pănne kaing, les guêtres.

kanne, ensemble.

oúc, mamelle.

kine, manger.

tac, mesurer.

láck, loin.

pác, parler.

lêck, fer.

lac, tirer.

quoînne, tabac.

TABLEAU DES MAILS

VOYELLE ou diphtongue CORRESPONDANTE en français	NOM DU MAIL	SIGNE	DIFFÉRENTES CLASSES DE MAILS
ua	mail kua		
ô	mail kông		
aï	mail kaï		
aeu	mail kaeu		mails antérieurs.
eu, ueu	mail kueung		
aïe	mail kaie		
ê	mail kê		
a	mail ka		mails postérieurs.
oua, ouê	mail koua		
i	mail ki		
a bref dans ăng et hac	mail kăng	(1)	
ia, iê	mail kia	(2)	mails supérieurs.
u	mail ku	(3)	
a bref dans amme et appe.	mail kamme		
a bref dans anne	mail kanne		
ou	mail kou		mail inférieur.

(1) Même signe que le mail *kua*.
(2) Signe supérieur du mail *kê*.
(3) Même signe que le mail *kaeu*.

TABLEAU DES TÔS

CONSONNES FRANÇAISES	1er TÔ CORRESPONDANT		2o TÔ CORRESPONDANT	
b ou v	tô bo		tô bô	
	tô ho vo		tô vô	
c, k ou q	tô ko		tô kô	
f	tô fo		tô fô	
gne	tô hogno		tô gnô	
h	tô ho		tô hô	
kh	tô kho		tô khô	
l ou d	tô lo		tô lô	
	tô lo lang		tô lô lang	
m ou n	tô ho mo ou tô ho no		tô mô ou tô nô	
ng	tô ho ngo		tô ngô	
o	tô o		tô ô	
p	tô po		tô pô	
s	tô so		tô sô	
t	tô to		tô tô	
th	tô tho		tô thô	
tch	tô tcho		tô tchô	
y	tô yo		tô yô	

Comme on peut le voir dans les exemples qui précédent, dans les mots qui se terminent par un *c*, le tô tonique n° 1 correspond toujours au ton ascendant arrêté et le tô tonique n° 2 correspond toujours au ton moyen arrêté.

3° Le tô fo (　　) et le tô fŏ (　　) correspondent à la consonne française *f* et ne se mettent jamais à la fin d'un mot.

Exemples :

faille, étoffe de coton.　　　　fate, punir.

fáille, côté.　　　　fône, pleuvoir.

fãï, feu.　　　　fãng, entendre.

faeu, quelqu'un, qui?　　　　foua, mari.

4° Le tô gno (　　) et le tô gnŏ (　　) qui correspondent en français au son *gne* ne se placent jamais à la fin d'un mot.

Exemples :

gna, l'herbe.　　　　àne gnã, mandarin.

gnã, il ne faut pas.　　　　gní gnµa, ordures.

gnáeu, grand.　　　　tô gnêne, le renard.

tô gnoũng, le moustique.

5° Le tô ho (　　) et le tô hŏ (　　) correspondent à l'*h* aspirée et ne se mettent jamais à la fin d'un mot.

10

Exemples :

houa, tête ou rire.

hou, oreille.

hoùa, haie.

hàille, souliers.

yóu hanne, là.

hŏng nàmme, ruisseau.

huēune, maison.

hàuille dŏng, s'assembler.

hote, venir.

haeu, donner, à, pour.

hŏu, trou.

6° Le tô kho ( ) et le tô khŏ ( ) correspondent au son *khe*. Ils ne se trouvent jamais à la fin d'un mot.

Exemples :

khanne, serviette.

khaine, bras.

koúne, fumier.

kha, jambe.

khàne khãng, préparer.

7° Le tô lo ( ) est, suivant les cas, tonique ou final :

Tonique, il correspond au *d* ou à l'*l* français, que les taïs prennent indifféremment l'un pour l'autre ;

Final, il représente la consonne *t* suivie d'un *e* muet.

Le tô lŏ ( ) correspond aussi à *l* ou *d*, mais ne se met jamais à la fin des mots.

Le tô lo lang ( ) et le tô lõ lang ( ) s'emploient quelquefois comme tôs

toniques au lieu et place du tô lo et du tô lõ.

Exemples :

lou, regarder.

laîne, lampe.

louc, enfant.

laeu, quel.

laine line, limite territoriale.

mute, obscur, soir.

8º Le tô homo ou hono correspond dans l'écriture aux deux consonnes *m*

ou *n*, quoique dans le langage les taïs fassent très bien la distinction. Ce tô ne se met

jamais à la fin d'un mot.

Le tô mõ ou tô nõ ( ) est, suivant les cas, tonique ou final.

Exemples :

nʌ, figure.

maéu, nouveau.

nā, rizière.

nàmme, eau.

lûme, oublier.

maine, falloir.

lûne, plus.

9º Le tô ho ngo ( ) correspond au son *nge* que nous avons défini en étudiant

la prononciation. Il ne se met jamais à la fin d'un mot.

Le tô ngõ ( ), qui correspond au même son, est tonique ou final.

Exemples :

ngóc, croître.   ngeŭne, argent.

ngãô, ombre.   ngoŭa, bœuf.

ngãille, facile.   panne kaing, guêtres.

10° Le tô o ( ) et le tô ŏ ( ) sont employés en remplacement de la consonne dans les mots qui commencent par une voyelle.

De plus le tô o correspond à la voyelle *o*, quand elle ne fait pas partie d'une diphtongue. Nous étudierons le tô o voyelle au chapitre III.

Exemples :

aille, père.   aie, vouloir.

aô, prendre.   ĕme, mère.

aille, odeur.

11° Les tôs po ( ) et pŏ ( ) correspondent à la consonne *p* initiale. Nous avons vu que le *p* final est rendu par le tô bo

Exemples :

pi, année.   pŏu, montagne.
bétel.

pi, flûte taï.   pou, grand'père.

pi uoçil, sœur aînée.   páite, huit.

12° Le tô so ( ) et le tô sŏ ( ) correspondent à la consonne *s* et ne se trouvent jamais à la fin d'un mot. Exemples :

saille, corde.

saïlle, sable.

saï, les intestins.

soung, haut.

souone fâck, jardin potager.

saï ya, médecin.

saï, moulin à décortiquer.

sŏme, aigre.

sáppe paï, chasser.

song, deux.

13° Le tô to ( ) et le tô tŏ ( ) correspondent au *t* tonique. Nous avons vu que le *te* final est représenté par le tô lo ( ).
Exemples :

tô taïne, l'abeille.

taïne, ajouter.

tạime, écrire.

tua, fois.

táppé, foie.

tạeú, sous.

tĕng, sur.

taïlle, mourir.

tàille tàie, parce que.

tou, porte.

tatte, poster.

huĕune tŏu, prison.

táck nàmme, puiser de l'eau.

ta vĕne, le soleil.

tàie, vrai.

14° Le tô tho (   ) et le tô thŏ (   ) correspondent au son *the* aspiré et ne se trouvent jamais à la fin d'un mot.

Exemples :

thaï, charrue.

mite tháï, rasoir.

thaïng, rempart.

thiêng, hutte, cabane.

thiou, siffler.

15° Le tô tcho (   ) et le tô tchŏ (   ) correspondent au son *tche*. Ils ne se trouvent jamais à la fin d'un mot.

Exemples :

tchêpe, malade.

tchàille, incliné.

fou tchâille, homme.

tô tchàng, l'éléphant.

tchôc, mortier à riz.

tchaèu, envoyer.

tchueung kine, les mets.

tchoung, conduire.

tchèu, marché.

tchia, papier.

tchĕu, heure.

16° Le tô yo (   ) est toujours tonique. Il a le même son que l'*y* renforcé au commencement d'un mot.

Le tô yŏ ( ) est, suivant les cas, tonique ou final :

Tonique, il a le même son que le tô yo ;
Final il correspond au *ille* français et entre dans la composition des diphtongues *aille, eille, uœil, euil, oille,* etc...

Exemples :

yóu, être, rester.   laï yòne, remercier.

yúme, aller voir (quelqu'un).   tô yo, le mouton.

yǎng, se reposer.   yòng, espèce.

yête, faire.   yêne, frais.

saille, corde.   yume, prêter.

CHAPITRE III

DE L'EMPLOI DES MAILS DANS L'ÉCRITURE

Les *mails*, comme nous l'avons dit, servent à représenter dans l'écriture taï nos voyelles et nos dyphtongues.

Nous avons rencontré de plus quelques *tôs* qui jouent le même rôle dans certains cas. Ce sont :

1° Le tô o ( ) et le tô ŏ ( ) qui correspondent à la voyelle *o* simple.

2° Le tô yo ( ) et le tô yŏ ( ) qui correspondent à *y* ou *ille* ;

3° Le tô vŏ ( ) qui représente la voyelle *o* dans les dipthongues *ao, oa, oane,* etc...

Un mot taï se compose toujours des éléments suivants :

1° Un *tô tonique* placé au commencement ou dans le courant du mot suivant la position des *mails* ;

2° D'un ou de plusieurs *mails*, placés avant, après, sur ou sous le tô tonique (1) ou bien de tôs employés comme mails, comme nous venons de le voir ;

3° D'un *tô* final, s'il y a lieu.

Pour nous familiariser avec la formation des mots en écriture taï, nous allons dresser un tableau de toutes les diphtongues de la langue taï, en 6 séries, portant le nom de la voyelle initiale de ces diphtongues.

----

(1) Lorsque le mot est composé de deux TÔS et d'un MAIL supérieur ou inférieur, au lieu de le placer au-dessus ou au-dessous du TÔ tonique on le place au-dessus ou au-dessous de l'intervalle qui les sépare.

Série A

| DIPHTONGUES ÉCRITES EN | | EXEMPLES ÉCRITS EN CARACTÈRES | | SIGNIFICATION |
caractères français	caractères taï (1)	français	taï	FRANÇAISE
a (long)		nã		rizière.
a (arrêté) ou ac		lac		tirer.
ak (long)		ák		méchant.
ack		lack aô		voler.
aeu		maéu		nouveau.
aï		paï		aller, marcher.
aille		ngaille		facile.
ame		thame		demander ?
amme		hamme		du son.
ane		pãne		plateau.
anne		hąnnè		là.
ang		áng		cuvette.
ăng		fãng		entendre.
ao		sáo		chercher.
aô		tchaô		tchaô (division territoriale)
ape		ápe		se baigner.
appe		tappe		battre.
ate		khâte		écorcher.
atté		tatté		couper.
auille		thauille		assez.

(1) Dans la colonne n° 2, l'emplacement du TÔ TONIQUE est indiqué par un point.

Série E

DIPHTONGUES ÉCRITES EN		EXEMPLES ÉCRITS EN CARACTÈRES		SIGNIFICATION FRANÇAISE
caractères français	caractères taï	français	taï	
aie (1)		maie		mère
ê (2)		ême		mère
aïo		mãïo		chat
cô, cou		kêou		appeler
aipe		aipe		apprendre
eu		sêu		ouvrier
euil		mêuil		inviter
eung		beúng		regarder

(1) Se prononce comme È dans le mot français *mère*.
(2) Se prononce comme Ê français dans *même*. Il arrive souvent dans l'écriture courante que le MAIL-KÊ ( ) est divisé en deux : le signe inférieur se place alors devant le TÔ tonique et le signe supérieur au-dessus de l'intervalle qui sépare les deux TÔS.

Série I

DIPHTONGUES ÉCRITES EN		EXEMPLES ÉCRITS EN CARACTÈRES		SIGNIFICATION FRANÇAISE
caractères français	caractères taï	français	taï	
i		mĭ		avoir.
i (arrêté) ou *ic*		pic		aile.
ia, iĕ		mĭa		épouse.
iac		viac		affaire.
iane iême iêne		piĉne		changer.
iêng iang		piĕng		horizontal.
iou		nioŭ mŭ		doigt de la main.
ing		khĭng		gingembre.
ipe		sĭpc		dix.

Série O

DIPHTONGUES ÉCRITES EN		EXEMPLES ÉCRITS EN CARACTÈRES		SIGNIFICATION
caractères français	caractères taï	français	taï	FRANÇAISE
o (1)		hote		arriver.
o (2)		khô		cou.
o (arrêté) ou oc		óc	(3) ou	sortir.
ó		tô nôk		l'oiseau.
oa		mŭ ngoā		hier.
oime		quoïme		voix.
oine		khoine		marteau.
oang		koang		large.
oaille		koäille		buffle.
oille		yóille		habile.

(1) Suivi d'une consonne, il se représente par le TO O.
(2) Final, il se représente par le maille kang qui prend ici le nom de MAILLE KHIT.
(3) Remarquons ici que le TO O ne sert qu'à représenter la consonne absente tandis que le MAIL KHIT représente OC.

Série OU

| DIPHTONGUES ÉCRITES EN | | EXEMPLES ÉCRITS EN CARACTÈRES | | SIGNIFICATION |
caractères français	caractères taï	français	taï	FRANÇAISE
ou		mou		cochon.
oua		houa		tête.
ouaille oueille ouauille		kouaille		panier.
		souáuille		laver.
oimme ouome ouane ouone		quoimme		silence.
oinne		quoinne		fumée.
ouang ouong		kouong		dans.
ouai		kouaine		être habitué.
ouille		pít soúille		pousser.
oung		tchoung		conduire.
ouyêne		khouyên		voiture.

Série U

| DIPHTONGUES | | EXEMPLES ÉCRITS EN | | SIGNIFICATION |
| ÉCRITES EN | | CARACTÈRES | | FRANÇAISE |
caractères français	caractères taï	français	taï	
u		mù		jour.
ua		thúac		règle.
ueune		hueüne		maison.
uœil		pi uœil		sœur aînée.
ueung		sueüng laeu		comment ?
ueute		lueute		sang.

EXERCICE D'ÉCRITURE TAI

Lettre de Kamme Vanne Oáille (dit Cam-Teck) tri tchaô de Maille Seune

Maille Seune	tchaô	ti tchaô	Kamme	IIoanne	Oaille	mí su
Maille-Seune	tchaô	le tri tchaô	Kamme	Vanne	Oaille	avoir

paï	hạŏ
lettre	aller au

Bạn Bŏu đạo	òug	quoine ba	lou	sipe song
Đạo de Van Bou	Monsieur	le capitaine	commander	12

tchaô	tăï	dạille	theune	lạï	tcháine	to	bueŭne nì
tchaôs	tais,	grand	mandarin,	recevoir	nouvelle	que	ce mois-ci

sipe páite	kamme	hêne	têu	quoine	louong	mã	hạeù	khọïlle
18e	jour	voir	lettre	grand	mandarin	venir	à	moi

hiac	ba	ling l'eupe	tchaô Maille Seune	khọille	taĩo
disant	que	les tirailleurs	du tchaô de Maille Seune	de moi	se sauver

mã	song	kõne	ba suếung nànne	têne nung	Dueung vanne Ti
revenir	2	hommes	dire ainsi	un nom	Dueung vanne Tri

têne nung	Lo vanne Hoille	hêne	têu	quoine	súck	hote
un nom	Lo vanne Hoille	voir	la lettre	du mandarin	ordonner	arriver

tchếu laeu	khòille	kọ	leupe túck	súck	li tuếung	Thiêng Thị
à quelle heure	à moi, aussi	tout de suite		ordonner	au maire	de Thiêng Thị

súck	li tuếung	Thiêng-Kåte	óc	sáo	lỏ hác	tăng	huếune
ordonner	au maire	de Thiêng-Kate	sortir	chercher	autre	vers	la maison

saô	hũ	báô hêne	mã	khãi nì	hũ	khọille	gnãng	súck
d'eux, mais	ne pas voir	venir	maintenant	alors	je	encore	ordonner

kõne	óc sáo	hêne saô	tchếu laeu	khọille	só
un homme	sortir chercher voir	eux	à n'importe quelle heure	je	demande

pátte saô paï — nôpe — quoine louong — leupe túck — mĭ tua
les prendre aller — amener à. — grand mandarin — tout de suite; — il y a des fois

saô gnăng — yóu — tăng nànne — bâô — hòu — só — quoine — louong
ils encore — rester — par là — ne pas — savoir — prier — mandarin — grand

thame — ti tchaô — Muöung La — lou láic — tu su — (1).
demander au — tri chau — de Son-la — regardér aussi — (de lettre).

Thaing — Thaille — hôk — pi — thăng — muêil môte — saô ête kamme.
Thagne — Thaille — sixième — année — mois — onzième — 21e jour.

Maille Seune tchaô — ti tchaô — Kàmme — vanne — Oaille.
Tchaô de Maille Seune — le trí tchaô — Kamme — vanne — Oaille.

FIN DE LA TROISIÈME PARTIE

---

(1) Cette expression n'a d'autre signification que d'indiquer la fin de la lettre.

TABLE DES MATIÈRES

QUATRIÈME PARTIE

VOCABULAIRE FRANÇAIS-TAI

A

A (lieu).	ká.
	naŋg.
Abaisser (mettre plus bas).	aô lŏng.
— —	houóne lŏng.
— (un store).	pêng lŏng.
Abandonner.	văng sĭa.
Abattre (un arbre).	pamine lŏng.
Abeille.	tô taine.
Aboyer.	háô.
Abriter.	paï.
Absent (être).	paï kouaïne.

Accepter (1).	gnêne.
Accoucher.	ôc louc.
Accroupir (s').	nang lồng.
Accuser (2).	kiêne.
Achever.	yêtê haẹu laïo.
Acheter.	sù.
Acteur.	fucŭng khảppe.
Actif.	sảck.
Adhérer à.	tchảppe khạô.
Administrer (être le chef).	kôke home.
Adroit.	tchang.
Affaires (objets).	tchuẽung.
Affaire (une) (3).	viac.
Age (quel?).	kị pi.
Agiter (un bâton).	kouaing.

(1) En annamite GNEUNE
(2) En annamite : KIẸNE.
(3) En annamite : VỊÈR

Agiter (un mouchoir).	pŭ.
Agréable.	mouone home.
Ah ! (mécontentement).	ĕ hĕ̆.
Aider.	tchoille.
Aigle.	tô kamme.
Aiglon.	tô houng.
Aigre.	sŏme.
Aiguille (1).	khême.
Aïeul.	poú.
Aiguiser (un couteau).	lappe mite.
Ail.	home kipe.
Aile.	píc.
Aimer (quelque chose).	mack.
— (quelqu'un).	ine' lou.
—	hac.
—	païng.

______

(1) En annamite : KIME.

Ainsi.	sueŭng nì.
—	sĭ' nì.
—	sueŭng nànne.
Ajouter.	taïne.
Aller.	paï.
— (aux cabinets; litt. à l'appontement).	paï ta.
Allumer (du feu).	lăng fǎï.
— (la lampe).	tǎï laïne.
Allumettes.	b'ome fǎï.
Alors (donc).	hŭ.
—	sŭ.
—	khaïne.
— (à cette époque).	mŭa nànne.
Alun.	híne sóme.
Amer.	khôme.
Ami (1).	pì nòng.

(1) Correspond à l'expression annamite : AGNE AIME (litt. frère aîné, frère cadet), camarade.

Amuser (s').	ine.
—	line.
Ananas.	mãc fuẽung nate.
Ancien.	kâô.
Anneau (bracelet).	póc khaine.
Annamite.	fou kaio.
Année.	pi.
— dernière.	pi kaille.
— prochaine.	khame pi.
Annoncer.	bóc tine (1).
Anse.	hou.
Apercevoir.	fó hêne.
A peu près.	yaĩng só.
Aplanir.	yête haçu piẽng.
Appartenir à	khong.
Appeler (quelqu'un).	hiac.

(1) Le mot TINE, nouvelle, est annamite.

Appontement.	ta.	
Apporter.	aô mã.	
Approcher.	mã tchamme.	
Appuyer (s').	ing.	
Après.	lăng.	
— demain.	mũ hũ.	
— midi.	tchàil kamme.	
Araignée.	tô sing sao.	
Arbalète.	louong nạ.	
Arbre.	màĭ.	
Arec (noix d').	mác lăng.	
Argent.	ngeũne.	
Armoire.	hịng hõme (1).	
Arracher.	kône.	
Arrêter (s').	yune tao.	
Arriver.	hote.	

(1) C'est le mot annamite HÒME, caisse.

Arroser.	vite nàmme.
Assembler (s').	soûme kanne.
Assaillir le rempart.	khune thaïng (1).
Asseoir (s').	nang.
Assez (cesser).	thauille (2).
— (complet).	touc laïo.
Assiette (l').	khang laie.
—	baeu (3) laie.
A temps.	leupe.
Attacher.	foúc.
Attaquer l'ennemi.	tappe seúck.
Atteindre.	yaïng tcháppe.
—	— thúc.
Attendre.	tha (4)
—	kôille.

(1) C'est le mot annamite THÀGNE, rempart, fort.
(2) C'est le mot annamite THAUILLF, assez.
(3) BAEU, feuille, est employé ici comme article des objets plats et arrondis.
(4) Se retrouve dans le mot annamite THONG THÀ, attendré.

Attendre (avec impatience)	cõng.
Attention (faire).	tchù mõ.
Aube (à l').	houng tchàô.
Aucun.	baô... sáck.
Au deçà.	fáille nì.
Au dedans.	yóu kouong.
Au dehors.	yóu nọc.
Au delà.	fáil naẽu.
Au dessous.	yóu taẹu.
Au dessus.	yóu nua.
—	— tẽng (1).
Aujourd'hui.	mù nì.
Auparavant.	mũa cónc.
Aussi.	cọ *ou* cõ.
—	láic (2).

(1) Rappelle le mot annamite TRÈNE, sur.
(2) Se place à la fin des phrases et n'a souvent pas grande signification.

Autant, tant.   lo nì.

— l'un que l'autre.   to kanne.

Autoriser.   haçu fáipe (1).

Autour.   ome lỗng kope.

Autre.   hác (2).

Autrefois.   mua laille.

—   páng kóne.

Avaler.   kune.

Avant, devant.   kóne.

Avant (en).   tăng na.

Aller en avant.   paï na.

—   paï kóne.

Avant-hier.   mũ sũne.

Avare.   thi.

Avec.   káppe.

---

(1) C'est le mot annamite FÁIPE, permission.
(2) Rappelle le mot annamite KHÁC, autre.

Avec.	sóu.	
Aller avec (suivre.)	paï tõille.	
Avenir (à l').	mŭ úne.	
Aveugle.	ta bóte.	
Avoir.	mĭ.	
Avouer.	tchiòu (1).	

B

Bagáges.	tchuĕung khong paï tăng.	
Bague.	baïne mŭ.	
Se baigner.	paï ápe.	
Bailler.	hao.	
Balai.	gnŏu.	
Balance (grande).	nằô.	
— (moyenne).	keunne (2).	

(1) C'est le mot annamite lui-même.
(2) En annamite KEUNNE, veut dire balance et livre.

Balance (petite, pour l'ar-   kạne (1) liêng.
  gent.

Bambou femelle.   lamme (2) màï hia.

—   mâle.   —   — săng.

—   —   (Gros)   —   — hôc.

Banane.   mác kouçil.

Bananier.   koc   —

Banc de sable.   lọne săille.

Bande.   pŭng.

—   faine.

Banian.   koc bạ.

—   — noúa.

Barbe.   nouôte.

Barre d'argent.   pông ngcŭne.

Barrer le chemin.   leupe tăng.

—   l'eau (pour la dé-   hặppe nàmme.
  tourner).

---

(1) Article.
(2) Article des arbres.

Barrer l'eau (pour pêcher)	tchàng nàmme	
— (pour arroser les rizières)	faille —	
Bas (petit).	tàmme.	
Basses eaux	nàmme hạing.	
Bas (chaussette).	mate.	
Bassin de cuivre.	áng tông	
Bâteau.	hûa.	
Bât.	ạne tâng.	
Bâton.	màï tâô.	
Bâtonnets (pour manger le riz).	thôu.	
Battant de porte.	pâc tou.	
Battre.	tappe.	
— (damer).	ti.	
Beau.	tchanne	
—	li.	
Beaucoup.	laille.	

Beaucoup.	è laille.	
Bec.	sôpe nòk.	
Bécassine.	nôk têne	
Bêche.	loụa	
Benjoin.	yáng yăne.	
Bétel.	pōu kaĭo.	
Bien.	li.	
— portant.	lạo.	
— — (guéri).	vaĭne.	
Biens (les).	tchuẽung khong.	
Bientôt.	nòiịle nung kóne.	
—	khọne.	
Bifurcation.	bóne tăng koueil.	
Bisaïeul.	pạô.	
Blanc.	lóne.	
Bleu.	mòne.	
Bobine.	lóte maï.	

Bœuf.	tô ngôua.
Boire de l'eau.	kine nàmme.
Bois (à brûler).	loua.
— (de construction).	màï.
— de gô.	cô.
Boîte (moyenne).	hôpe (1).
— (petite).	tipe.
Boiter.	kouäie (2).
Bol.	thoueil.
Bon.	li.
— (à manger).	tchaipe.
— (marché).	thúc.
Bonze (3).	tchâô houa.
Bord.	bĭme.
Bouche.	sôpe.

---

(1) En annamite, HOPE.
(2) En annamite, KOÙAIE.
(3) Le bonze existe dans tout le Laos, mais il est inconnu chez les taïs de la Rivière Noire.

Boucher, bouchon.	ôte.
Boucle d'oreille.	koúck hou.
Boue.	pỗng.
Bougie.	tiẽne khaï.
Bouillir.	fòte.
Boule.	taò.
Bourrer.	nape (1).
Bourse.	bao (2) ngeúne.
Bout.	kôc.
—	paille.
Bouteille.	tchaille (3).
—	naille.
Bouton d'habit.	kêt sụa.
—	mac hóc sụa.
Boyaux.	saï.

(1) En annamite, NAPE.
(2) Identique en annamite.
(3) —

Bracelet.	póc khaine.
Brancard.	vòng (1).
Branche d'arbre.	nga màï.
Bras (le).	lamme khaine (2).
—	pong khaine.
Brave.	hane.
—	ngûne.
Bride.	tchuac khôpe.
Brillant.	hoŭng.
Briser (se)	táic sia.
Broder.	sáio.
Brouillard.	mueil.
Brousse.	tŭpe.
Bruit.	nanne.
Brûler (neutre).	màï.

---

(1) En annamite, VONG.

(2) LAMMÈ KHAINE veut dire le bras tout entier, tandis que l'avant-bras ou le haut du bras se disent PONG KHAINE.

Brûler (actif).	tchoûte.
—	tchóc.
Brun.	laing baô.
Buffle.	tô koûaille.
But.	bóne yaïng.

C

Cachet.	yâô (1).
Cacher.	souone.
Caché.	lappe.
Cadavre.	sák (2).
Cadeaux.	khong leuil.
Cadet (frère).	nòng.
Cage.	khône nôk.
Caille.	nôk sọme.

---

(1) Identique en annamite.
(2) —

Caler. | moune.

— | tchime.

Canard. | tô pête.

— (sauvage). | — nàmme.

Cancrelat. | maing sápe.

Cangue. | kã.

Canne à sucre. | koc ọille.

Caporal. | kaille (1).

Capsule. | káipe (2).

Capter l'eau | háppe nàmme.

Capturer. | patte (3).

Caqueter. | kòk.

Caresser. | loupe.

— | yóc.

Carré. | vouong (4).

---

(1) Mot annamite.
(2) —
(3) En annamite, BÁTTE.
(4) Mot annamite.

Cartes à jouer.	faïlle.	
Cartouche.	lĭčou soúac.	
Cascade.	fóng nàmme.	
Casser (un bâton).	hák màï.	
— (une bouteille).	tàic naïlle.	
Ceci.	anne nì.	
Ceinture, dos.	aïo	
Ceinture (en étoffe).	saïlle aïo.	
Cela.	anne nànne.	
Celui-ci.	nì.	
—	nį.	
Celui-là.	nànne (1).	
Cendre.	taô.	
Cent.	hòïlle nung.	
Cent-pieds.	tcháck khèpe.	

---

(1) Peut s'écrire ( ) par abréviation.

Cependant.	hác vă.
Cercle.	mõne.
Cercueil.	lõng.
Cérémonie mortuaire (1) (faire une).	yête fi.
—	yête hiéou.
Cerf.	tô kouang.
Certain.	khack.
Certes.	tàie (2).
—	làie (3).
Cesser.	thauille (4).
— (la pluie cesse).	fône uçune.
Chaîne en fer.	soille lêck.
Chair (viande).	gnúa.

---

(1) La première expression indique un enterrement, la 2º se dit d'une cérémonie faite après plusieurs années pour honorer la mémoire d'un parent on d'un ancêtre.

(2) et (3) Ces deux mots, le premier surtout se placent à la fin des phrases et n'ont souvent par de signification.

(4) Mot annamite.

Chaise.	tằng.
Chambre.	loúck.
Changer (monnaie).	laic ngẵune tchaine.
— (ensemble).	piènc kanne.
Chant du coq (au).	ṇạ káï.
Chanter.	kháppe.
— (coq).	khanne.
Chapeau.	koúpe.
Chapon.	tô káï tòne.
Chaque.	tchảng.
—	khoúape.
Charbon.	thảne (1).
Charge (une).	hảpe nung.
Charger un fusil.	nape òng.
Charger (un bateau).	tchéu hũa (2).

(1) Mot annamite.
(2) En annamite, тснѐu.

Charrue.	mac thái.
Chasser de.	sáppe paï.
Chat.	tô mãio (1).
Chaud.	hòne.
Chauffer.	oúne.
— (se).	fing fãï.
Chauve-souris.	tô kia.
Chaux.	fone.
Chef de village.	quoiue bane.
Chemin.	tãng.
— (droit).	— paï sû.
— (détourné).	— paï công.
— (sinueux).	— paï kòte.
Cher (prix).	païng.
Chercher.	sáo

(1) En annamite, MÀIO.

Chercher (en demandant).	ha.	
Cheval.	tô mà.	
Cheveux.	fôme.	
Cheville.	lệne mài nòille.	
Chèvre.	tô baie.	
Chien.	tò ma.	
Chinois.	fou Háne.	
Choisir.	luac aô.	
Chose.	anne.	
Cible.	bia (1).	
Ciel.	fä.	
Cinq.	ha.	
Cire.	feung.	
Ciseau (un).	sióu.	
— (des).	kaio (2).	

---

(1) Mot annamite.
(2) En annamite, кàто.

Citron.	mác liŏu.	
Claie.	pouong (1) fa.	
Clair.	hoŭng.	
Clair de lune.	bućune haille.	
— (belle nuit).	fà sièng.	
Clairon, trompette.	kaïne (2).	
Clef.	kho khói.	
Cloche.	mác tchouông (3).	
Clochette (de cheval).	mác híng.	
Cloison.	fa hueŭne.	
Clou, pointe.	dagne (4).	
— (furoncle).	mác fi.	
Cochon.	tô mou.	
Coco (5).	mác pàô (5).	

---

(1) Article des clayonnages.
(2) Se dit aussi de la musique TAI. En annamite KAÌNE.
(3) Mot annamite.
(4)   —
(5) N'existe qu'à partir de la limite du Laos.

Cœur.	tchaeu.
Cogner (se).	thúc.
—	toûine.
—	tọng (1).
—	hỗille.
Coin.	tchaie.
Coïter.	sị.
Colère (en...).	gnaï.
Colique.	tchèpe tóng.
Colonne.	lamme saò.
Colle.	khaô hỗ (2).
Combattre.	tóuck seúck.
—	tappe séuck.
Combien.	kị.
—	kị laille.

---

(1) En annamite, ĐỘNG.
(2) En annamite, HỒ.

Combien.	to laeu (1).
Combler.	thôme sia.
Commander (être le chef).	lou.
— (dire).	bóc.
— (ordonner).	súck.
Comme.	päic.
Commencer (une chose).	tạng kŏk.
— à.	tchảng tchí.
Comment ? (de quelle fa- çon ?).	sueŭng laeu.
Comment (pourquoi ?)	pênc sŭ.
Commun.	hŏ.
Commune.	muẽụng.
Compter (dénombrer).	nappe.
— (supputer).	tígne (2).
Confluent.	nàmme kôpe.

(1) S'emploie lorsque la quantité n'est pas déterminée par un nombre.
(2) Mot annamite.

Conduire (des hommes). ouone.

— (des animaux). tchoung.

— (se... bien). kine yóu haęu li.

Connaître (savoir). hòu.

— (comprendre). tcháck.

Constipé (être). bite tōng.

Contenir. saéu.

Content. sôme tchaeu.

Continuer. kú (1).

Coq. tô káï kā.

— po.

— (de bruyère). tô káï thuéune.

Coquillage. tô hoille.

Corbeau. tô ka.

Corde. tchuae.

---

(1) Mot annamite.

A.

Corde (petite).	saille.
Corne.	khaô.
Corps.	tô.
Corps de garde.	hučune yóu kaing.
Côté.	faille.
Cou.	kŏ̄ (1).
Coucher (aller se).	paï nŏne.
Coucher du soleil.	ta vĕne tôck.
Coude.	khaine só.
Coudre.	guipe.
Couler.	laï.
Coupable.	kŏne inï tŏille (2).
Couper.	tätte (3).
— (se... une partie du corps).	páte.
Cour.	kang khoŭong.

---

(1) En annamite, cổ.
(2) —   TỘILLE, crime.
(3) Ressemble au mot annamite CÁTTE.

Courir.	laine.	
Court.	fène.	
Couteau.	mac mite.	
Couver.	fak.	
Couvercle.	fa.	
Couverture.	fã.	
Couvrir (d'une couver- ture).	hòme fã.	
Couvrir (une maison).	moŭng.	
Crabe.	tô pou.	
Crabier.	nòk tchâô.	
Cracher.	pône.	
Crachoir.	òng yọ (1).	
Craindre.	yane.	
Courageux.	ngãne.	
Crapaud.	tô khiête.	

---

(1) L'expression annamite ÒNG YỒ, vase pour cracher, a été conservée ici, quoiqu'elle eût pu se traduire en taï.

Cravache.	hoille mà.	
Crayon.	mac boûte tchi (1).	
Crépon.	niçou (2).	
Creuser.	khoûte.	
Crevette.	tô koung.	
Crier.	hòng.	
— (appeler).	kháic.	
Crinière.	kouc mà.	
Crochet.	khó.	
Croire (avoir confiance).	tine (3) tchaeu.	
—	tchua.	
Croître.	ngóc khune.	
Cru.	lípe.	
— (pas assez cuit).	hao hate.	
Cuiller.	bouóng (4).	

---

(1) En annamite BOÛTE TCHI. L'article MAC, s'emploie avec les objets tranchants ou pointus.
(2)   —   GNIÇOU.
(3) Mot annamite.
(4) Ressemble au mot annamite MOUÔNG.

Cuire (un plat).	kaing.
— (faire chauffer un liquide).	tôme.
— (sous la cendre).	môk.
Cuisinier.	kõne yête laing ngaïlle (1).
Cuisse.	kha.
Cuit.	soúck.
Cuivre.	tõng (2).
Cure-dent.	mäi tchia.
Curer.	quoite.
Cuvette.	áng.

D

Daim.	tô fãne.
Dans.	kouong.
Danser.	moụa (3).
Dartre.	pêne kác.

---

(1) Traduction littérale : Homme faire dîner déjeuner.
(2) En annamite, ĐÓNG.
(3) En annamite, MOÚA.

De.	khóille (1).
— (depuis).	táie.
Déborder.	nàmme nõng.
Debout.	yune.
Débroussailler	thang ko gnạ.
Déchirer.	tchíc.
Décortiquer.	tchaï.
Défendre (d'une manière générale).	keume (2).
Défendre (en recomman- dant).	hame.
— (quelqu'un).	kióu (3).
Défilé.	lõng poũ.
Défricher (une rizière de plaine).	thang nã.
Défricher (une rizière de montagne).	lao haï.
Dehors.	noc.
Déjà.	laïo.

(1, En annamite KHÒILLE.
(2) En annamite KEÙMME,
(3) En annamite KÙOU.

Déjà.	mõme
Déjeuner.	kine ngaïlle.
Délier.	kạie óc.
Délivrer.	póille.
Demain.	mú pouc.
Demander (interroger).	thame
— (prier).	só.
Démanger.	kãnne.
Déménager.	miẽne tchueũng.
Demeurer.	yóu.
Demi.	thóng
Démon.	tò fi.
Démonter.	tháo (1).
Dent.	khạio
Dépendre de.	mũa káppe.
Dépenser.	pueung.

---

(1) Mot annamite.

Déplier.	pǔle óc.
Dépouiller (un arbre).	loc nang.
— (un animal).	thùa nang.
Depuis.	táie.
Déranger.	yète pàie sia.
Derrière.	tăng lang.
—	faille lang.
Dès que.	tchôme.
Descendants (fils, neveux)	louc lane.
Descendre.	lŏng.
Désigner.	tchi.
Désirer.	mack.
—	áie laï.
Désordre.	lŏne laò.
Désormais.	táie khaï paï na (1).

---

(1) Littéralement : « depuis maintenant aller devant ». Il est à remarquer qu'en annamite on dit : « depuis maintenant revenir derrière » pour traduire le mot désormais.

Dessécher (une rizière).	khane (nã).
Desséché, séché.	khaću.
— (basses eaux).	hạing lỗng.
Détruire.	lá (1).
Détacher.	kạie óc.
Dette.	nẽu (2).
Deuil.	yáo.
Deux.	song.
Devant.	kóne.
—	nạ.
Devenir.	pêne.
Devoir (il faut).	maine.
—	tchù.
Diarrhée.	tchèpe tòng pêne lọille.
Dieu.	Thaine.

____

(1) Mot annamite.
(2) En annamite NỊU.

Difficile.	yac.	
Diminuer.	vãine.	
—	yáng.	
Dîner.	kine laîng.	
Dire.	bóc.	
Disette.	yác khạô.	
Distiller du vin.	siaio lạô.	
Distant.	láck.	
—	kaï.	
Distribuer.	fáte (1).	
Diviser.	panne óc.	
Dix.	sipe.	
Doigt.	niòu mũ.	
Domestique.	kõne tchaéu.	
Donner à.	haẹu.	

---

(1) Mot annamite.

Dormir.	nõne.	
—	nõne lâppe.	
Dos (les reins)	aio.	
— (proprement dit).	să lang.	
Douter.	ngi (1).	
Droit	sũ.	
A droite.	fâille khôi.	
Dragon.	tô Louồng.	
Dur.	khaing.	
Dyssenterie.	tchêpe tòng lổng laing.	

E

Eau.	nàmme.	
Écarter (s') se garer.	sâtte ôc.	
— (du chemin).	níc tãng	

---

(1) Mot annamite.

Echanger.	laïc kanne.
—	piêuc kanne.
Echapper (s).	tãio.
Echelle.	laï.
Echelon.	khanne laï.
Ecole.	hueüne hock.
Ecorce d'arbre.	nang mãi.
— de fruit.	púac mác.
Ecorchure.	bóne pôc nang.
Ecraser.	gnamme.
Ecrire, dessiner.	taïme.
Ecurie.	taõ mä.
Effrayer (s').	yane.
Egal.	piêng.
Egalement, aussi.	ko
Eh ! (pour appeler).	káic heüil
— dites donc.	nẽ.

Eh bien ! (étonnement).	tchã (1).	
— (mécontentement).	ê.	
Elever.	aò khune.	
Elargir.	yète haeu kouang.	
Eléphant.	tô tchàng.	
Embrasser.	tchõme.	
Empêcher.	tone sia.	
Emporter.	aò paï.	
Emprisonner.	yame (2).	
Emprunter.	yume.	
—	yõne.	
— de l'argent.	kou.	
Encore (de nouveau).	maéu.	
— (de reste).	gnãng.	
Encre.	meuk (3).	

(1) En annamite TCHÀ.
(2) Mot annamite.
(3) En annamite MUK.

Encrier.	tchóc meuk.
Endroit.	bónc.
—	ti (1).
Enduire.	tá.
Enfant.	lêck nòille.
Enfler.	pêne kaeu.
Enfoncer.	gniate só.
—	fáng.
Engager (un objet).	tone.
Engrais.	khoúne.
Enlever (mettre de côté).	tõne.
Ennuyé.	pouõne (2).
Enrhumé (être).	pêne aï.
Epuiser l'eau.	táck námmc óc (3).
Enseigner.	bóc áipc.

---

(1) Mot laotien et taï blanc, peu usité chez les taïs noirs.
(2) En annamite, BOUÔNE.
(3) — TÁTE.

Ensemble.	naṅg kanne.
— , avec.	pōme kanne.
Ensuite.	mã lăng.
—	tôk lăng.
Entendre.	fãng.
—	ngīne.
Enterrer.	făng.
Entier.	gnãng suĕung kăô.
Entourer.	paï ọme.
Entre.	khang tcheung.
Entrer.	khạồ paï.
—	khạồ mã.
Enveloppe de lettre.	foung sủ (1).
Envelopper.	hó.
Environ.	yaĭng só.

---

(1) En annamite, FÒNG THU.

Envoyer (quelqu'un).	saille (1).
— (quelqu'un).	tchàeu.
— (quelque chose).	fàc.
Epais.	na.
Epaule.	bà.
Epines.	name.
Epouse.	mïa.
Eplucher.	póc puác.
Equarrir.	thàc yète st teúng.
Escarpé.	tchänne.
Espèce.	yóng (2).
—	naïo.
Essayer.	yête su.
Essuyer, frotter.	thoúc.
— (quelque chose de mouillé).	tchète.

---

(1) C'est le même mot en annamite. S'emploie quand on envoie quelqu'un en mission assez loin : tandis que l'on emploiera le mot TCHAÈU pour traduire l'idée d'envoyer son domestique chercher quelque chose à la maison ; c'est pour cette raison que domestique se traduit par KÔNE TCHAÈU, l'homme qu'on envoie.

(2) Mot annamite.

Est.	dòng (1).	
Et.	káppe.	
—	kaing.	
Etable (à cochons).	koc mou.	
Établir.	pũa yête.	
Etage.	hãne.	
— (maison à étage ou sur pilotis).	huẽnne hãne.	
Etang.	nóng.	
Eté.	thoũa hãie (2).	
Éteindre.	láppe.	
— (s').	mote sia.	
Etendre le bras.	gnaie khaine.	
Etoile.	lão.	
Etoffe.	faille.	
Etrier.	tine teung mà.	

____

(1) Mot annamite.
(2) En annamite, MOÚA HÃIE.

Etroit.	kaipe.
Etudier.	áipe.
Évanouir (s').	pêne maŏ.
Eventer, éventail.	bi.
Exact.	tchu.
Excepter.	tŭ (1).
Excessivement, trop.	kaille sia.
Exercer.	teupe (2).
Expliquer.	bóc li.

F

Facile.	ngãille.
Fagot de bois.	matte loua
Faible.	iéou (3).

---

(1) En annamite тнὺ.
(2) — TEUPE.
(3) Mot annamite.

Faim.	sáipe khạò.
Faire.	yête.
Faîte de la maison.	tchome hüeûne.
Falloir, il faut.	tchõ.
—	maine.
—	tchù.
Famine.	yác khạò.
Farine.	khạò bua.
Fatigué, éreinté.	nûeil.
— (un peu).	mueil.
Faucille.	mac kiéo.
Femelle (adulte).	maie (1).
— (jeune).	sú.
Femme.	fou gnĩng.
Fendre du bois.	khiác loua.

____

(1) En annamite MAIE veut dire mère.

Fendre un bois.	fá mâï.	
Fenêtre (la).	pâc táng.	
Fente.	höng.	
Fer.	lêck.	
Ferme (de maison).	kaïo (1) hueûne.	
Fermer.	häppe.	
Festiner (pendre la cré-maillère).	kine báille.	
Fête (faire la... de la moisson).	kine ngouòte.	
Fêter la mémoire des parents.	kine sène tchä (2).	
Fêter le jour de l'an.	kine tchiêng.	
Feu.	fäï.	
Feuille.	baeu.	
— de bananier	tong.	
Fièvre.	nao saï.	
—	pêne saï.	

---

(1) En annamite, ҡʌɪo.
(2) C'est une grande cérémonie qui a lieu tous les 3 ou 4 ans et qui consiste à manger et à boire pendant trois jours. Les quoîne tchaô ou les maires donnent seuls des fêtes de ce genre, auxquelles tout leur peuple est invité.

Figure, visage.	na.
Fil.	lemme maï.
Filet.	fune (1) mõng.
Fille (jeune).	fou sao.
— (enfant de).	louc gnĭng.
Fils.	louc tchäille.
Filtre.	eûme lôk nàmme.
Fin, malin.	lăck.
Fin (la).	la.
Fini.	mête laïo.
Flambeau.	touône line (2).
Flanc d'une montagne.	fâille poû.
Flaque d'eau.	boûng nàmme.
Fleur.	bóc.
Flûte taï.	pi.

---

(1) Article des effets d'habillement, de couchage, etc., et en général de tous les objets tissés.
(2) Littéralement : paquet, torche.

Foie.	táppe.
Fois.	tua.
Fond.	fâille taou.
Force.	haïng.
Forcer.	khôme.
Forêt.	lông.
—	pa.
Forger.	tappe lĕk.
Forgeron.	sên lĕk.
Fortement.	haïng.
Fossé.	hổng ló.
Fou.	tchả.
Fourmi.	tô môte.
Foyer.	tchi fãï.
Frais (temps).	yéne.
— (denrées).	lípe.
Franc.	thie fueúng.

Franchir l'eau.	khame (1) nàmme.	
Frapper.	tappe.	
— à la porte.	tóille tou.	
Frère aîné.	pi aille.	
— cadet.	nòng.	
Frissons (avoir des).	kŭme mŭ kŭme tine.	
Froid.	nao.	
— (vif).	kŭme.	
— (mets refroidi).	yène.	
Front.	na làine.	
Frotter, frictionner.	tà.	
Fumée.	quoïnne.	
Fumer.	kine quoïnne.	
Fumier.	khoûne.	
Fusil (le).	lamme (2) òng.	

---

(1) Mot annamite.
(2) Article des objets en bois, fusils, etc.

Futur (particule du).   köille.

G

Gagner au jeu.   tó lạï.

Gale.   bîtc.

Garçon (encore enfant).   lêck nöille tchäïlle.

— (adulte mais non marié).   fou báo.

— (individu mâle quelque soit son âge).   fou tchäïlle.

Garde.   kaing.

Garder.   tchù.

Gâté (fruit ou viande).   naò.

—   naò mine.

Gauche.   sàïlle.

Geler.   dóng.

Gingembre.   khing.

Génisse.   ngoǔa sú.

Genou.   houa kháò.

Gerbe de riz.	matte khaò.	
Glace.	mác ka tchạ.	
Glaise (terre).	dinc nieò.	
Glissant.	mune.	
Glisser (se… dans).	tchône.	
Gô (sorte de bois).	kỗ.	
Goître (avoir le).	pênè niêng.	
Gomme laque.	tchang.	
Gong.	kồng (1).	
Goutte.	poûpe.	
Gouvernement (l'État).	Gnā Nuoúk.	
Grâce à.	gneŭ (2).	
Grain de riz.	mite khaô.	
Graisse.	pĭ	
Grand, gros.	gnaéu.	

(1) Mot annamite.
(2) En annamite GNÈU.

Grand gros.	louôṅg (1).	
Grand'mère maternelle.	ême nãille.	
— paternelle.	ême ya.	
Grand-père paternel.	poú.	
— maternel.	aille ta.	
— —	ô ta.	
Gras.	pĭ.	
Gratter.	tchŏk.	
Grêle.	mắc'hêpe.	
Gravir	kkụṅé.	
Grenouille.	tô kôpe.	
Gué.	bóne tạne.	
Guéri.	li.	
—	hóme.	
Guerre.	viac paī tappe seúck.	

---

(1) S'emploie au figuré de préférence à GNÃÉU.

Guêtres.	pānne kaing.
Guide.	kõne ouone tãng.
Guithare.	ting.
—	jãne.

H

Habile.	tchang.
Habit (l').	fune sua.
Habitué (être. . . . à).	kouáine (1).
—	khcüil.
Hache.	khoine.
Haie.	hoùa.
Haïr.	tchăng.
Halte.	yăng.
Hameçon (l').	mac (2) bêle.

---

(1) En annamite KOUAINE.
(2) Article des objets en fer tranchants ou pointus.

Haricot.	mắc (1) thóua.
Harnais.	tchuẽung ane mà.
Haut, élevé.	soung.
Hauteur.	louõng (2) soung.
Hé ! (étonnement).	ãille yã.
Hein? (n'est-ce pas).	nẽu.
Hélas !	aũille khó mo laille.
Herbe (l').	koc gnạ (3).
Herse.	banc.
Heure.	tchẽu.
— de bonne...	tchảô.
Heureux.	mĩ foũck (4).
Hier.	mũ ngõi.
— soir.	kamme (5) mũ ngõi.

---

(1) Article des fruits et des objets en forme de boule.
(2) Nom générique des dimensions.
(3) Nom générique des plantes.
(4) Mot annamite.
(5) Le mot KAMME, soir, est employé comme numéral des quantièmes du mois.

Histoire, affaire, mauvaise affaire.	póng	
Hiver.	moŭa nao.	
—	moŭa dòng (1).	
Ho !	añille.	
Homme (être humain).	kŏne.	
—	— (2).	
— (sexe masculin).	lŏu tchaïlle.	
Honnête.	tàic lŭénng.	
Avoir honte.	nạ hăïlle	
Horizontal.	piĕng.	
Huile.	nàmme yăò (3).	
Huit.	páite.	
Humide.	úne.	
Hutte de rizière.	thièng nă.	

---

(1) Mot annamite.
(2) Caractère spécial.
(3) Mot annamite.

I

Ici.	yóu nj.	
Il, lui, elle.	mānue.	
—	—	
Image.	hoúne.	
Immobile.	hóu li.	
Impératif (particule de).	kaīng.	
Impoli.	kaille fáipe.	
Impôt.	koúi.	
—	thiá.	
Incliné.	hiáng.	
—	tchàille.	
—	neùng.	
Incliner (s').	kǫme.	
Indice, trace du pied.	hŏille tine.	
Individu, gars.	•bạ.	

Indigo.	nàmme họme.
Infléchir.	nĭẽo lõng.
Ingénieux.	mĭ i láck.
Inintelligent.	tchaeu tanne.
Injurier.	lá.
—	gnaï.
Innocent.	oine (1).
Inondation.	nàmme lupe.
Inonder une rizière.	pạne nàmme só nã.
Inquiéter (s').	lo (2).
Instruire.	bóc áipe.
Instruit.	tchaeu lông.
Insulter.	gnaï.
Intact.	gnãng li sáck.
Intelligent.	láck.

____

(1) Mot annamite.
(2) —

Intention.	i (1).	
Interroger.	thame.	
Intervalle.	póng kang.	
Irriguer.	pane nàmme khaô nä.	
Inviter.	méuil (2).	
Ivre.	mãô laô.	

J

Jadis.	mũa laille.	
—	mũa lãng.	
Jaloux.	heung mĩa.	
Jambe.	lamme kha (3)	
— (bas de la).	pòng kaing.	
Jamais.	baô… sàck tua.	

---

(1) Mot annamite.
(2) —
(3) Comme pour le bras, le mot LAMME sert d'article au membre tout entier, tandis que le mot PONG sert d'article au haut ou au bas de la jambe.

Jardin.	souone fáck.
Jarre.	haï.
Jaune.	lueung.
Jeter.	thịme.
— un pont sur.	kháille kǎồ só.
Jeune.	nóme.
—	óne.
Joindre.	súpe kanne.
—	lueume kanne.
Joue.	kạime.
Jouer.	lịne.
—	ịne.
— de l'argent.	tó tchãine.
Jour.	mù.
— (pendant le).	tẽng vẽne.
— de l'an.	mù kine tchièng.
Jusque.	paï hote.

8.

Jusque.	haeu hote.
	taŏ hànne.
— au point du jòur.	taŏ hànne hoŭng.
Juger.	siépe.
Jurer.	mang.
Juste.	haeu li haeu tchù.
Jupon.	sinne.

L

Là.	yoú hanne.
Labourer.	thaï.
Laid.	hàille.
Laisser.	văng sia.
Lait.	nàmme nŏme.
Laitue.	fǎck kàte hiac.
Lame.	pane.

Lampe.	daïne (1).	
Lance.	mac tcháo.	
Lancer.	thịmc.	
Langage.	kouăme bảô.	
—	kouăme pac.	
Langue.	line.	
— tirer la...	máipe line.	
Laotien.	laô.	
Large.	kouạng.	
Largeur.	louổng khoang.	
Latrines.	thiêng khị.	
Laver (une partie du corps ou un objet).	souóille.	
— (du linge).	sack.	
Laque.	khanc.	
Lécher.	lïa.	

____

(1) Mot annamite.

Léger.	baồ.
Légumes.	fáck.
Les (tous les).	pŭng.
— (quelques).	kị.
Lentement.	nãne.
— (usuel).	ồte.
— (attends).	kõille.
Letchi.	mác kâille.
Lettre.	su (1).
—	teŭ (2).
Lever.	gnồ khụne.
— la tête.	gnồ houa khụne.
— du soleil.	ta vẽne óc.
— l'impôt.	aồ koúi.
— (semences).	ngoc.

---

(1) Se rapproche du mot annamite TCHŬ.
(2) Mot annamite.

Lier.	foúc.
Limite territoriale.	laine line.
Lire.	lou su.
Lit.	yuc̆ung (1).
Livre (le).	pappe su.
Livre (la).	keúne (2).
Loin.	láck.
—	kaï.
Long.	hǐ.
Longueur.	louõng hǐ.
Longtemps.	heung.
Lorsque.	tchéu laeu.
—	mũa laeu.
Louer, prêter.	yume.
—	yone.

(1) Mot annamite.
(2) --

Lourd.	náck.
Luciole.	tô hìng họille.
Lune.	bućune.
Lunettes.	vaine ta.

M

Mâcher.	kăio.
Magasin.	hueŭne kho (1).
Maigre.	fome.
Maillet.	kòne ti gnaću.
Main.	mŭ.
— paume de la.	fă mŭ.
Maintenant.	khăi năi.
Maire.	lí tućung (2).
Mais.	hác va.

(1) Mot annamite.
(2) En annamite LÍ TRUẺUNG.

Maïs.	khąô lĭ.	
Maison.	huĕune.	
Maître de la maison.	tchąô huĕune.	
Mal (mauvais).	háille.	
— (qui fait du mal).	bápe.	
— (malade).	tchêpe.	
Mâle.	theúck.	
Mamelle (1).	nŏme.	
— (seins).	oúc.	
Yao (race de mans).	yaō.	
Manche.	ląmme.	
Mandarin.	quoine (2).	
Mandarine.	mác ngaïe.	
Manger.	kine.	
— (le riz).	kine khąô.	

---

(1) Le premier se dit de préférence en parlant des animaux et le 2ᵉ est réservé à la femme.
(2) Mot annamite.

Manguier.	koc mauang.
Manière.	yồng (1).
— de cette... ou d'une autre.	naĭo nì naĭo úne.
Manquer (pas complet).	thicóu (2).
— (pas assez).	baồ toúck.
Marais.	pác rueúme.
Marchand.	kồne kã.
Marchandises.	tchuĕung kã.
Marché.	tchêu (3).
— (bon).	thoúc.
Marcher.	paï.
—	gnăng.
— à pied.	paï bồk (4).
Margouillat.	ya huĕune.
Mari.	foua.

---

(1) (2) et (3) Mots annamites.
(4) En annamite DI BỘ.

Marier (se).	kueuil mîa (1).	
Marmite (la).	loung mọ.	
Marteau.	kône ti.	
Masser (en appuyant).	kânne.	
— (en serrant).	bípe,	
Mât.	kôte (2) hũa.	
Matelas.	súa.	
Matin.	tchâô.	
— (demain).	pouc tchâô.	
Mauvais.	hàille.	
—	hàille khâte.	
Méchant.	ák (3).	
Mèche.	sạï laîne.	
Médecin.	sãï ya (4).	
Mélanger, mêler.	quoï kanne.	

---

(1) Mot annamite.
(2) et (3) Mots annamites.
(4) Rappelle le mot annamite THAY, maître.

Même.	licou kanne.
Mendier.	kine so.
Mentir.	ba baĵo.
—	ba lã.
Mépriser.	tchê (1).
—	khing (2).
Mère.	ĕme (3).
—	maie.
Merle parleur.	nôk iang.
Mesurer.	ĭac.
—	do (4).
Métier.	khou.
Mettre (dedans).	vâï só.
Mets (les).	tchuĕung kine.

(1) (2) Mots annamites.

(3) Le premier s'emploie toujours comme terme d'appellation et s'emploie pour les femmes, tandis que le deuxième est plutôt réservé aux familles d'animaux ou aux femmes de basse classe.

(4) Mot annamite, s'emploie pour essayer si quelque chose va bien, tandis que TAC veut dire mesurer avec un mètre.

Midi (à).	káng vêne.	
— (vers).	tchếu saille.	
Milieu.	káng tcheung.	
Mille.	pầnne nung.	
Mince.	vang.	
Mine.	bó.	
Minuit.	káng kûne.	
Mirador.	tchiêng tchŏille.	
Miroir.	vaine.	
Misérable.	khó mo.	
Moi (1).	kou	
—	khọille.	
Moineau.	nôk tchóc.	
Mois.	bueûne.	
Moisir.	mỏk (2) sia.	

---

(1) Le premier est employé par le supérieur parlant à un inférieur, le deuxième par l'inférieur parlant à un supérieur.
(2) Mot annamite.

Moment	tchôpe.
—	khăô.
Mon.	khong kou.
—	khong khọille.
Monsieur.	ông (1).
—	aille.
Montagne.	poŭ.
Monter.	khụne.
— à cheval.	khí mà.
—	khoúi mà.
Montrer.	tchì (2).
Moquer (se… de).	houa.
Morceau.	tóne.
Mordre.	khôpe.
Mortier à piler le riz.	mõng támme khạô.

(1) Mot annamite.
(2) —

Mortier à piler le riz.	tchôc (1).
Mot.	khóte.
Mou, tendre.	óne.
Mouche.	tô maĩng ngouăne.
Mouchoir	khanne (2) mône.
Mouiller.	yête une.
Moulin (noria pour faire monter l'eau).	lôck.
— à décortiquer (3)	loúille.
Mourir.	taille.
Moustiquaire.	yánne.
Moustique.	tô gnoũng.
Mouton.	tô yo.
Mouvoir (se).	nung.
Muet.	buô hoù păc.

---

(1) Mông veut dire l'appareil à piler le riz tout entier, tandis que tchôc désigne le mortier seul, sans le pilon.

(2) Mot annamite.

(3) Les taïs n'en ont pas ; le mot loùille désigne le moulin des maïos que trois ou quatre femmes manœuvrent avec un levier.

| Mûr. | soúck. | |
| Mûrier. | tô mône. | |

N

Nager.	lôille (1) nàmme.	
Naître.	óc mã.	
Natte (la).	fune fouc.	
— en bambou.	fune sáte.	
— en rotin.	fune sáte vaille.	
Neuf, nouveau.	máeu.	
Neuf (chiffre).	kạô.	
Ne... pas (défense).	gnã.	
Nez.	mô lăng.	
Nid.	hăng nôk.	
Noce (célébrer une).	yête hite yête khong.	

____

(1) Mot annamite.

Noir.	lavime.	
Nom.	tchù.	
—	têne (1).	
Nombre.	sô (2).	
Nommer (à un grade).	poúc.	
Non, ne pas.	báô.	
Nord.	fueung báck (3).	
Notables (les).	kák daô môk (4).	
— (le 1er).	òng pánne (5).	
— —	ông saine (6).	
— (le 2e).	— pòng.	
— (le 3e).	— ho louông.	
Nourrice.	ŏme liêng.	
—	maie liêng.	

---

(1) Mot annamite.
(2)   —
(3)   —
(4) En annamite, DAÔ MQUK.
(5) Litt.: Monsieur mille.
(6) Litt.: Monsieur dix-mille.

10

Nourrir.	liêng.
—	tạing.
Nous.	hăô.
—	soŭme khọille.
Nouvelle (une).	tine (1).
—	tchua.
Nouveau.	maéu.
— de (re…).	laô.
Nu.	yoù pueil.
Nuage.	móc.
Nuisible (qui fait du mal).	hàille.
—	bápe.
— (pour la santé).	dòk (2).
Nuit.	kŭne.
— (de).	têng kŭne.

(1, 2) Mots annamites.

O

Obéir.	făng quoîme.
Oblique (une colonne).	nŭng.
— (un objet).	hiáng.
Obscur.	mute.
Odeur, sentir.	aille.
Œuf.	sáï.
Officier.	quoine (1).
Offrir.	káppe.
—	quoî.
—	meŭil (2).
Oie.	tô háne.
Oignon.	home boúa.
Oiseau.	tô nôk.

(1, 2) Mots annamites.

Ombre.	ngăô.	
On.	sáô.	
Oncle (aîné du père).	loŭng.	
— (cadet du père).	po ao.	
— (frère de la mère).	po nă.	
Ongle.	lêpe mŭ.	
Onze.	sípe ĉte.	
Opium.	quoĭnne yang.	
Oppressé (être).	túck (3).	
—	poúte.	
Opprimer.	bápe.	
Or.	kămme.	
Oranger.	koc kiạng.	
Ordinairement.	leŭng leŭng.	
Ordures.	gní gnụa.	

---

(1) Mot annamite.

Oreille.	hou.	
Oreiller.	mone.	
Orfèvre.	seù ngeüne.	
Os.	loúc.	
Oser.	yáme (1).	
Oter.	kạie.	
Ou.	hũ va.	
Où.	ká laeu.	
Oui (c'est juste).	maine.	
—	tchu.	
— (à un inférieur).	ñ (2).	
— (à un supérieur).	yac (3).	
Oublier.	lũme	
Ouest.	fueung taï (4).	
Ours.	tô mi.	

______

(1) (2) Mots annamites.
(3) En annamite ʏᴀ.
(4) Mot annamite.

Ouvrage.	viac.
Ouvrier.	seù (1).
Ouvrir.	khaï.

P

Paddy.	khąô kác.
Pagode (petite... en bri- ques).	miẽou (2).
— (petite... en bam- bous).	hueŭnc seŭ.
Paille.	fucŭng.
Paillotte (herbc à).	gnạ kă.
Pain de riz (3).	khąô tộmc.
Paisible.	iêne.
Palanquin.	vòng.
Palissade.	hoùa.
Palmier.	koc kò.

(1) En annamite THEU.
(2) Mot annamite
(3) Galettes de riz que l'on enveloppe dans une feuille de bananier pour manger en route.

Pamplemousse.	mác pouc.
Panier.	kă lêp.
— (rond sans couvercle).	boung (1).
— (grand…grossier).	kouêil.
— (de voyage).	baime (2).
— (à volaille).	houñng.
— (bateau en bambou).	hũa moung.
Pantalon.	souọng.
Panthère.	tô sua khoutc.
Papier.	tchļa.
Papillon.	tô kápe bụa.
Paquet.	hó.
Par.	kaille.
Parapluie.	ô (3).
— (de mandarin).	soŭ.

(1, 2, 3) Mots annamites.

Parce que.	pène tàie.
—	tàille táie.
Pardonner.	sá (1).
Parent, camarade.	àille nòng.
—	pi nòng.
Paresseux.	tchàne.
Parler.	pác.
—	ba.
— (dire).	bàô (2).
— (causer).	tŏ.
Partager.	panne óc.
Partie.	feūne (3).
Partir.	paï.
—	tchôme.
Pas (un).	yáng nung.

----

(1) Se rapproche du mot annamite THA.
(2, 3) Mots annamites.

Pas encore.	bãõ hễ.
Passer.	kaille paï.
— (sur un pont).	táï.
— la garde.	yao (1) kaing.
— l'examen.	paï thi (2).
Patate douce.	mãnne ngô.
Patrouille (faire une).	paï yo.
Pauvre.	khô.(3).
—	katte.
Pavillon, drapeau.	keũ (4).
Payer.	pang kã.
— l'impôt.	nôpe (5) koúi.
Peau	nang.
Pêcher (le).	koc kaïlle.
Pêcher.	pátte pa (6).

(1, 2) Mots annamites.
(3) En annamite KHÓ veut dire difficile.
(4, 5) mots annamités.
(6) En annamite BÁTTE, prendre.

Peigne.	vi.	
Pendant.	tĕng.	
— que.	dang (1) sŭ.	
Pendre (au dessous en potence).	taio.	
— (suspendre à un clou le long d'une cloison).	hoille.	
— —	khoaine.	
Pelle ronde.	pàine.	
— bêche.	loua.	
— (petite... creuse employée pour creuser un trou).	siême.	
Penser à.	ngámme hote.	
—	ngámme tchaeu hote.	
Percer.	lô.	
Percher.	tchàppe.	
Perdre (un objet).	tôk sia.	
— au jeu.	tó soua (2).	

---

(1) Mot annamite.
(2) Se rapproche du mot annamite THOUA.

Perdrix.	nôk só.
Père.	po (1).
—	aille.
Beau-père.	po ta.
Permission.	fáipe (2).
Perroquet.	nôk laïne.
—	nôk kọui.
Peser.	keune.
Pétard.	fáo (3) sa.
— s (brûler des).	tchoúte fáo sa.
Petit.	nòille.
Peu (un).	nòille nung.
Peu à peu.	tchôp nung... tchôp nung.
Peuple.	yêne (4) pãï.
Peur (avoir).	yane.

---

(1) Se rapproche du mot annamite Bồ.
(2, 3, 4) Mots annamites.

Piastre (pièce de monnaie).	mánne tchaïne.	
Picul.	tà (1).	
Pièce d'étoffe.	tchaŏ.	
Pied.	tine.	
Piège.	leupe.	
Pierre (grosse).	tónc láne.	
— (petite).	kone hine.	
Pieu.	mǎï toù.	
Pigeon.	nôk ko kaie.	
Piler.	tamme.	
Pilon à riz (avec le levier).	maie móng.	
— (sans le levier).	sác.	
Piment.	mác eùte (2).	
Pinceau.	boúte (3).	
Pioche.	quŏk (4).	

___

(1, 2, 3 et 4) Mots annamites.

Pipe à eau.	toung quoïnne.	
— européenne ou lao-tienne.	kó quoïnne oûte.	
— à opium.	bói quoïnne yang.	
Piquer.	sack	
Piquet.	mǎi láck.	
Placer.	vǎi.	
Plaie (avoir une).	pêne puéil.	
Plaine.	tòng (1) piĕng.	
Planche (une).	piĕng paine.	
Plancher.	fac huéune.	
Plant de riz.	ka.	
Plante.	koc mǎi.	
Planter, repiquer.	poúc.	
Plateau.	pāne.	
Plein.	tême.	

---

(1) Se rapproche du mot annamite DÔNG, plaine.

Pleurer.	haï.
Pleuvoir.	fà fône.
Plier.	tchípe.
Plomb.	tchũne.
Plonger (sauter dans l'eau)	taïo só nàmme.
— (en nageant).	làmme nàmme.
— (quelque chose dans l'eau).	tchaie nàmme.
Ployer.	kóng.
Plus.	lune.
—	heune (1).
—	sũa.
Plusieurs.	laille.
Poil.	khône.
Pointe.	paille.
Poisson.	tô pa.

____

(1) Mot annamite.

Poitrine.	na̤ eúk.	
Poli.	hoù tcháck fáipe.	
Pomme de terre (une).	ha̤ô mãnne taï.	
Pont (en pierre ou bois).	kãô (1).	
— (en bambous ou rotin).	khoua.	
Porte.	tou.	
Porter (une charge à deux hommes).	hame.	
— (deux charges suspendues aux extrémités d'un bambou placé sur l'épaule).	hápe.	
Porter (sur l'épaule comme un fusil).	báic.	
— (à deux mains devant soi comme un plateau).	oume.	
— —	gnõ.	
— (comme coiffure, bijou ou chaussure).	tũ.	
— (une charge sur la tête).	tõille.	
— (sur soi).	pã.	
— (sur son dos).	pê̤.	

______

(1) Mot annamite.

Porter (sur son dos).	siă.
— (comme vêtement).	noung.
— (sur un bât).	tăng.
Poste (le).	dŏné (1).
Poste (la).	huĕune yaï tháipe (2).
Poster.	pông vaï.
Pot (petit flacon).	loc (3).
— (grand).	ome.
Pou de tête.	tô haô.
— de corps.	tô mătte.
— de bois.	tô mote (4).
Poudre.	souăc (5) ông.
Poudrière.	kho souăc.
Poule d'eau.	nôk báck.
Poulet.	tô káï.

(1, 2, 4) Mots annamites.
(3) Se rapproche du mot annamite ʟọ.
(5)   —   ᴛʜᴏᴜᴏ̀ᴄ.

Pour.	haçu.	
—	vài.	
—	vài haçu.	
Pourquòi?	sueñung laeu.	
—	pêne sueũng laeu.	
—	pêne sũ.	
Pourri.	mine.	
Sentir la pourriture.	aille mine.	
Poursuivre, chasser.	sáppe.	
Pousse de bambou (une).	louong nó.	
Pousser.	píte soúille.	
Pousser (plantes).	ngoc.	
Poussière.	khoúne.	
Poutre.	khú.	
Pouvoir.	lại.	
Précieux.	koúi (1).	

______

(1) Mot annamite.

Premier.	thú gnête (1).
Prendre.	aô.
Préparer.	khànne khãng.
Près de (lieu).	kaïme.
—	tchamme.
— (temps).	khạnne.
Presque fini.	tchí aó mêle.
Presser (sur).	nêne lõng.
— (entre les mains).	bípe.
Prêter (quelque chose).	haẹu yõne.
— —	haẹu yume.
— (de l'argent.	haẹu kọu.
Prêtre (le premier).	òng mo.
— (le 2e).	òng ngaïe.
— (le 3e).	òng tchang.

---

(1) Mot annamite.

Prier, demander.	so.	
— (faire ses dévotions).	sêne.	
— (pour les ancêtres du village).	sêne mučung.	
— (pour les parents).	sêne tchã.	
— (faire la fête du riz nouveau).	fãille hučune.	
— (... immoler un buffle blanc et un buffle noir).	tê lamme lône.	
— (pour le repos de l'âme d'un parent).	yête haïo.	
— (en parlant du sorcier qui appelle les ancêtres pour leur présenter les offrandes).	tãme.	
Prison.	hučune toŭ (1).	
Prix.	kã.	
—	yá (2).	
Professeur.	sãï bóc su.	
Profond.	leuck.	
Promener (se).	païquoï.	
—	païïne.	
—	païlïne.	

(1, 2) Mots annamites.

Promettre.	húa (1).	
Propos (à).	lang li.	
Propre.	paic saeu.	
Propriétaire d'une mai- son.	tchaô huefine.	
Prosterner (se).	lãi (2).	
Prostituée.	maie dị (3).	
—	maie late.	
Protéger.	foụ haẹu.	
Prunier.	koc mẳng.	
Puce.	tô mẽne.	
Puiser de l'eau.	tâck námme.	
Puits.	kiềng námme.	
Punaise.	tô huate.	
Punir.	fate (4).	
Purgatif.	ya paï khị.	

(1, 2, 3, 4) Mots annamites.

Q

Quand (à quelle époque?)	muã laeu.	
— (à quelle heure ?)	tcheŭ laeu.	
Quart (prendre un...)	sí feune aô feune nung.	
Quatre.	sí.	
Que :	hiac.	
—	tô (1).	
Quel.	laeu (2).	
Quelques.	sáck... laeu.	
Quelquefois.	song same tua.	
—	sáck tua.	
Qui, quelqu'un.	faeu.	
Qui est là ?	faeu dê (3).	
Quelque chose, quoi ?	tô sang.	

(1) Ce mot qui veut dire COMME, AINSI, est très souvent employé au commencement de l'exposé d'un sujet.

(2) Se met après le substantif.

(3) Mot annamite.

Quelque chose, quoi ?	anne laeu.
Queue.	hang.
Quereller (se).	käille (1) kanne.

R

Rabot.	tað liã (2).
Racine.	hac maï
Raconter.	quoïne tiêne.
—	lŏ.
Radeau.	paie
Raide (corde).	kêng.
Ramasser.	kêpe.
Ramper.	tchãne.
Rang.	hãng (3).
Ranger.	tchõng khµne.

---

(1) Mot annamite.
(2) Littéralement TORTUE, LÉCHER.
(3) Mot annamite.

Rapide (un).	háte nàmme.
Rapport (faire un)./	bàô soú.
Rasoir.	mite thaï.
Rat.	tô nou.
Ravir.	kueúpe (1) aô.
Recevoir.	laï.
Réclamer.	kêou (2).
— à	káo nạng.
Récolter le riz.	kiéo khạô.
— les légumes.	kêpc fáck.
— les fruits.	aô mác.
Reconnaissance (aller en)	paï kaï.
—	paï yo.
Rectifier.	'paing laô.
Reculer.	hône.

(1, 2) Mots annamites.

Redevance en riz:	khạô tchãne (1).
Refaire.	yête laô.
— sa maison.	páic hueŭne.
Refuser.	báô haçu.
Regarder.	beúng.
— surveiller, commander.	lou.
Régle, mètre.	thuác (2).
Regretter.	tiác (3).
—	să laille.
Rejeter.	thịmé sia.
Relais de coolies.	bóne laic fou.
Remède.	ya.
Remercier.	lại yòne.
—	lại gneŭ (4).
Rempart.	thaĩng (5).

---

(1) Le mot TCHÃNE s'applique à toutes les redevances que se font donner dans les pays taï les seigneurs par le peuple.
(2, 3) En annamite THUÉUCK et TIÉC.
(4) Mot annamite.
(5) En annamite THÁGNE.

Remplacer.	yêie tang.	
Remuer.	nung.	
Renard.	tô gnêne.	
Rencontrer.	pò.	
Rencontre (aller à la...de).	happe.	
— (d'un mandarin).	paï tọne (1).	
Rendre, payer.	pang.	
— compte.	laô.	
—	bàô soú.	
Renverser.	pạmme lõ̉ng.	
— (se).	hák.	
Repaire (d'un tigre).	thạmme.	
— (de pirates).	mô seúck.	
Réparer.	paing laô.	
Répartir l'impôt.	fà tôk koúi.	
Repentir (se).	tchiètc.	

(1) En annamite DÓNE.

Répondre.	ba tópe.
Reposer (se).	yäng.
Respectueusement.	tchiếng (1).
Respirer.	bá tchaeu.
Ressembler.	paic kanne.
Restaurant.	häng khąô.
Rester.	yoú maéu.
Retirer.	kąic óc.
Retrancher.	tŭ (2).
Retourner.	pick
—	l'ûne.
Réunion officielle.	soŭme víac.
Réunir (se).	soŭme kanne.
Réveiller.	poúck túne.
— (se).	nŭne túne.

---

(1) Correspond au mot annamite вEǓMME, employé par les inférieurs comme formule de salutation avant l'énonciation du titre de la personne; pourrait se traduire en français par le mot *pardon*.

(2) En annamite ТRÒ.

Revenir.	táo mã.
Rêver.	nõne ſanne.
Revolver.	òng hôk tao.
Rez-de-chaussée.	pùne.
Rhume.	aï.
Riche.	hãng.
Rien.	baô mĩ sang.
—	baô mĩ ane laeu.
— du tout.	baô mĩ sang lê.
Rire.	houa.
Rivière.	nàmme louong.
Riz cru.	khạô sane.
— cuit.	khạô soúck.
Rizière de plaine.	nã.
— de montagne.	haï khạô.
Roi.	poua (1).

(1) Se rapproche du mot annamite VOUA. 王

Rôle (registre).	sô (1).
Rompre.	hák.
Rond.	mõnc poumc.
Ronde (faire une).	paï yo.
—	paï thóme.
Roseau.	mǎï o.
Rosée.	námme mueil.
—	námme móc.
Rotin.	ko vaille.
Rôtir.	kouaille (2).
Roue.	póc saie.
Rouge.	laing.
Rouille.	niang.
Rouillé.	pène niang.
Route.	tăng louong.

(1, 2) Mots annamites.

Ruer.	kàuille.
Ruisseau (petit cours d'eau).	houeil nàmme.
— (artificiel).	hŏng nàmme.

S

Sable.	saîlle.
Sabre.	lápe.
Sac.	thŏng.
Saisir.	vaille.
—	patte (1) aô.
Saison.	moûa (2).
Salade.	fáck.
Sale.	ouéil.
Salé.	kême.
Saluer.	tchâo (3).

(1, 2, 3) Mots annamites.

Saluer (salut des femmes en s'asseyant par terre).	lack.	
Sang.	lucute.	
Sanglier.	tô mou lõng.	
Sangsue des bois.	tô lac.	
— des rizières.	tô ping.	
Sauter.	lite.	
Sauver (quelqu'un).	kióu (1).	
— (se).	taïo.	
Savoir.	hoù.	
— (apprendre une nouvelle).	tcháing.	
— (connaître).	tcháck.	
Sceau.	yaô (2).	
Scie.	lua.	
Seau.	thoũng. (3)	
Sec.	khô (4).	

(1) Se rapproche du mot annamite кчоù.
(2, 3, 4) Mots annamites.

Séché, sec.	khaév.	
Sécher (faire).	tác.	
Secouer.	pū.	
Sel.	kua.	
Selle.	áne mà.	
Semblable.	paíc kanne.	
Sembler.	lou óc.	
—	beúng óc.	
Semer.	báne.	
Sentir (une odeur).	lôme.	
— bon.	aille home.	
— mauvais.	aille boúte.	
— la pourriture.	aille mine.	
Séparer (se).	hác paï.	
—	hác you.	
Sept.	tchête.	

Sergent.	fiã daŭille (1).
Serpent.	tô ngoŭ.
Serrer (dans les mains).	bípe.
— (mettre de côté).	kọu.
Service.	viac quoine.
Servir.	hảpe bafe khọille sạ.
Seul.	fọu lieou.
Seulement, commencer à	tcháng.
— —	tchome.
— ne... que.	thauille (2).
—	lóc.
Si (conditionnel).	tchu.
—	sucũng.
Siècle, génération.	deŭil (3) kône.
Signe (faire un).	yête tíck.

___

Signaux (faire des)	lack yête.
Silence (faire).	quoímme pine.
—	quoímme paï.
—	gnã nanne.
Simuler.	yête piéne.
—	yá ták.
Singe.	tô lĭng.
— (petite espèce).	tô kắng.
Six.	hôk.
Sœur aînée.	pi ụeil.
—	pi gnĭng.
— cadette.	nòng gnĭng.
Soie (en fil).	maï lạille.
— tissée.	loùa.
Soif (avoir).	sáipe nàmme.
Soir.	mute.
—	kãmme.

14

Soldat.	líng (1).	
Soleil.	ta vêne.	
— (il fait...).	fă lăite.	
Solide.	manne kăine.	
Sommet.	tchome poŭ.	
Sommeil (avoir)	ăie nõne.	
Son (bruit).	siêng.	
— (écorce du paddy).	hămme.	
Sonnette.	măc tíng.	
Sortir.	óc noc.	
Sorcier.	môte (2).	
Sorcière.	môte gnïng.	
Sot.	tchà.	
Sottises (faire des).	yète là yète lóme.	
Souffler.	păo.	

---

(1) Mot annamite.
(2) Va chanter chez les malades pour appeler le démon qui les possède.

Soufre.	sing (1).
Souhaiter la bonne année.	meŭng (2) toŭeil (3).
Soulever.	guóc khụne.
Soulier (un).	kic hãille nung.
— (une paire).	daŭille (4) hãille.
Soumettre (se).	paï thoú (5).
Soumis (être… à).	yeŭne soú.
Souper.	khạô laing.
Souple.	óne.
Source.	bó nàmme.
Sourd.	hou nouác.
Sous.	taçu.
—	yoú taçu.
Soutenir, étayer.	kàmme.
—	tchòng (6).

(1, 2, 3, 4, 5, 6) Mots annamites.

Souvenir (se).	tchú.
Souvent.	laille tua.
Subir.	tchìou (1).
Submerger.	nàmme lupe.
Sucer, téter.	tchoúpe.
Sucre (miel).	nàmme oille.
—	dueŭng káte (2).
Sucré.	bane.
Sud.	fueung (3) name (4).
Suer.	húa óc.
Suite (de).	liĕne (5).
Suivant l'usage.	tŏille fáipe.
—	kú fáipe.
Suivre.	paï tŏille.
Supérieur.	fáille tĕng.

(1) Mot annamite.
(2) En annamite DUEŬNG, sucre; KÁTE, sable, c'est-à-dire sucre en poussière.
(3, 4, 5) Mots annamites.

Supérieur.	fáille nua.	
Sur.	yoú têng.	
—	yoú nua.	
Sûr, certain.	kback.	
Suspendre (le long d'une cloison).	hoille.	
—	khoaine.	
— (en potence).	taio.	

T

Tabac.	quoínne oúte.	
— (opiacé annamite).	quoínne kaio.	
Table.	pãne (1).	
Taël.	bļa.	
Tailler (un bois).	thác.	
— (un crayon).	fúne.	

---

(1) Mot annamite.

Tailler (un crayon).	fáille.
Tailleur.	seù guipe.
Taire (se).	quoimme paï.
—	quoimme pine.
—	gnā nanne.
Talon.	sộne tine.
Talus.	kānnè koū.
Tambour.	kòng.
Tant.	to nì.
Tante (aînée du père).	ēme pạ.
— (cadette du père).	maie à.
Tard (trop).	lạ.
— (dans la nuit).	lúk.
Targette.	mài pane tou.
Tas.	kong.
Tasse.	tchaine (1).

_____

(1) Mot annamite.

Témoin.	tchúng (1).
Temps, époque.	mŭa.
— (doux).	fà bôte.
Teindre.	gnòme (2).
Tenir.	khámme (3).
Tendre un filet.	yăng mŏng.
Tendu.	kĕng.
Terre.	dine.
Tête.	houa.
Thé.	tchăie (4).
Théâtre (aller au).	paï beúng kháppe.
Thô, taï.	tăï.
Tiède.	oúne.
Tigre.	tò sua.
Tique.	tô hêpe.

(1) Mot annamite.
(2) Se rapproche du mot annamite GNOUỘME.
(3) — — KÁMME.
(4) Mot annamite.

Tirer.	lac.	
— (au fusil).	baine (1).	
Tisser.	támme hoúc.	
— (en faisant des dessins).	támme hoúc khoúite.	
Toi, tu.	múng.	
Toile.	faille (2).	
Toit.	kộne toŭ hueŭne.	
Tombe.	moŭa mạ.	
Tomber.	lôme.	
— de cheval.	tộk mà.	
Tondre.	saine.	
Tonnerre.	fà lăng.	
Torche.	touône line.	
Tordre.	bite laò.	
Tordu.	khôte.	

____

(1) Se rapproche du mot aunamite BÁNNE.
(2)   —   —   VÀILLE.

Tortue.	tô taô.
Tortueux.	kôte.
Toucher.	tchâmme.
Toujours (constamment).	leung leung.
— (à jamais).	kêng.
Tourner (retourner quelque chose).	pîne.
— (changer de direction).	pick.
— (la tête).	ngouac.
Tour de garde.	fiêne (1) kaing (2).
Tourterelle.	nôk saô.
— de plaine.	nôk saô tõng.
Tous, tout.	tẽng ká (3).
—	mête tẽng ká.
Tout de suite.	khãi nãi.
Tout à l'heure.	tô ki.

(1) Mot annamite.
(2) Se rapproche du mot annamite KÁGNE.
(3) Mot annamite.

Tout à l'heure.	táic kị.
—	meŭ kị.
Train (en... de).	dang sŭ.
Traîner.	lac.
Tram.	fou tchàme (1).
Trancher (du sabre).	tănne.
Travailler.	yête viac.
Travers (à).	kaille.
Traverser.	paï kaille.
Trembler.	sănne.
Tremper dans l'eau.	tchoupe nàmme.
— (laisser à...).	tchaie nàmme.
Très.	laille.
Tresser.	fạnne maï.
Trois.	same.

____

(1) Mot annamite.

Trompe.	toúte.	
Tromper.	yanc (1).	
— (se).	fitte sia.	
Trop.	taille kaille.	
Trou.	hoũ.	
Trouble (liquide).	khoúne.	
Troupeau.	pũng.	
Trouver.	sáo lại.	
Tuer.	khạ.	
— d'un coup de fusil	baine taille.	
— un bétail.	yête gnúa.	
— être... d'une balle.	thúc dàne (2) taille.	
Turban (d'homme).	khanne (3).	
— (de femme).	pieo.	
Tuyau.	bạng.	

(1, 2, 3) Mots annamites.

U

Un.	nung (1).	
— seul.	fou lieou.	
Uriner.	naĭo.	
Usé.	hu (2).	
—	sia lă.	
Uni.	kiệng.	
Ustensiles.	tchuĕung.	
Utile (être... à).	yŏne.	

V

Vache.	ngoŭa maie.	
Vaincre.	toúck seúck pàie.	
—	tappe seúck pàie.	

---

(1) Se met toujours après le substantif.
(2) Mot annamite.

Vaincu (être).	soua (1).	
Van.	seung khạô.	
Vase.	eúme.	
Veiller.	túne.	
Vendre.	khaille.	
Venir.	mã.	
Vent.	lõme.	
Ventre.	poume (2).	
—	tòng.	
Ver.	tô lucune.	
— à soie.	tô mòne.	
Vérandah.	ſueùng hucũne.	
Verdoyant.	túpe.	
Vérole (être marqué de la petite).	nạ laille mác.	
—	nạ laille.	

---

(1) Se rapproche du mot annamite THOUA.
(2) Se rapproche du mot annamite BOUNG.

Vérole (avoir la petite).	óc mắc.	
Verre.	kồk (1).	
Vers.	fuẻung.	
Verser.	hịa.	
Vert (couleur).	khaio.	
— (fruit presque mûr).	báme.	
(pas mûr)	lipe.	
Vêtir.	noung.	
Viande.	gnủa.	
Vide.	páô.	
— (à...).	lã.	
Vieillard.	aille thạô.	
Vieille femme.	ẽme thạô.	
Vieux (hommes, ani-maux).	thạô.	
— (hommes, ani-maux, arbres).	káie.	

____

(1) Mot annamite.

Vieux (choses).	káô.
Vigoureux.	hạo háne.
—	tchòng.
Village.	bạne.
Vin.	lạô.
Vinaigre.	mí.
Vingt.	saõ.
Vis.	mac ngiéne.
Vis à vis.	tcheũng kanne.
—	khoang kanne.
Visiter.	yame.
Vite.	vánne.
—	maine.
Vivre.	haĩng.
Voilà.	yoú hạnnė.
Voile.	bouõng (1).

---

(1) Se rapproche du mot annamite BOÙOME.

Voir.	hêne.
—	fô hêne.
Voiture.	saie (1).
—	khouyêne.
Voix.	quoïme bàô.
—	quoïme pác.
—	quoïme ba.
Voler (dérober).	kine láck.
— (en l'air).	bine.
Vomir.	hac.
Vouloir.	aie.
Vrai.	tàie.
Vous.	soŭme bạ.

FIN DE LA 4e PARTIE

(1) Mot annamite.

CINQUIÈME PARTIE

VOCABULAIRE TAI-FRANÇAIS

	bua.		farine.
	baô.		non, ne pas.
	baô.		counao.
	baô.		léger.
	baô hĕ.		pas encore.
	baeu.		feuille.
	beúng.		regarder.
	beúng óc.		sembler.
	bueúne.		lune, mois.
	beúte.		diminuer.

16

	baíne.	tirer (d'une arme à feu).
	baie.	chèvre.
	baio.	mentir.
	baic.	porter sur l'épaule.
	bête.	hameçon.
	bane.	village, hameau.
	báne.	semer.
	bane.	sucré.
	bane.	herse.
	vánne	vite
	bá.	épaule.
	ba.	individu, gars.
	ba.	banian.
	vang.	mince.
	bouðng.	cuiller.
	bóne.	lieu, endroit.
	bite lào.	tordre.

	bípe.	serrer dans les mains.
	bi.	peigne.
	bine.	voler en l'air.
	báck.	poule d'eau.
	bang.	tuyau, récipient.
	bia.	cible.
	bĭa.	taël.
	boúte.	pinceau, crayon.

	bǎŏ.	parler.
	vàī.	mettre, placer, pour.
	baïne.	bague.
	vaine.	miroir.
	vaïne.	bien portant, guéri.
	vǎug.	laisser rejeter.

16.

	va.	parler.
	va tópe.	répondre.
	bouõng.	voile.
	vòng.	brancard, palanquin.
	viac.	affaire, travail.
	bi.	éventer, éventail.
	vaille.	rotin.
	bucúme.	marais.
	kua.	sel.

	kâð.	vieux.
	kông.	tamtam, tambour.
	kộme.	s'incliner.
	kône.	arracher.
	kộne toŭ hueŭne.	toit de maison.
	kôk.	bout.
	kôpe.	grenouille.
	kaúille.	ruer.
	káï	poulet.
	káï kã.	coq.
	káï thueúne.	coq de bruyère.
	kouang.	cerf.
	kouạng.	large.
	quoine.	mandarin, fonctionnaire, officier.
	quoine bạne.	chef de village.
	keunne.	la livre, balance, peser.
	kạlme.	joue.

	kạie óc.	ôter, délier.
	kaio.	annamite.
	kaipe.	capsule.
	kạio.	des ciseaux.
	kaing.	garde.
	quaine.	être habitué à.
	kêpe.	ramasser.
	kêou.	réclamer.
	kête sụa	bouton d'habit.
	ka.	corbeau.
	ká.	tout.
	kạ.	plant de riz.
	ká laeu.	où ?
	kaille.	caporal.
	kaille.	à travers, passer.
	kaille kâô.	jeter un pont.
	kang.	pendant, à (telle heure).
	kápe bụa.	papillon.

	kouçil.	bananier.
	koueil.	rôtir.
	koueil.	panier grossier.
	quoimme pàï.	silence, se taire.
	qùock.	pioche.
	kouông.	dans.
	kong.	tas.
	kóng.	ployer.
	kọne hine.	un caillou.
	kóne.	avant, devant.
	kióu.	sauver.
	koúi	impôt.
	koụi.	perroquet.
	kine	mànger.
	kine ngãïlle.	déjeuner.
	kine laïng.	dîner.
	kị.	les (pluriel), combien?
	kị laille.	combien?

	kắng.	singe de petite espèce.
	kọ.	plante (nom générique des plantes)
	kọ kọ.	le palmier.
	kọ.	aussi.
	ko kaie.	pigeon.
	kiéo.	récolter, moissonner.
	mac kiéo.	faucille.
	kiệng.	uni.
	kiạng.	oranger.
	kia.	chauve-souris.
	kú.	continuer, suivant.
	kune.	avaler.
	kắppe.	avec.
	kańne.	l'un, l'autre.
	kọu.	serrer, mettre de côté.
	kou.	moi (du supérieur à l'inférieur).
	koúck hou.	boucle d'oreille.

	koúpe.	chapeau.
	koung.	crevette.
	kaõ.	pont.
	kŏ.	gô (sorte de bois).
	kông.	cage.
	kŏne.	homme.
	—	—
	koáille.	buffle.
	quoïnne.	fumée.
	quoïme.	langue, son.
	quoïme bàô.	voix.
	keŭ kanne.	autant l'un que l'autre.
	keŭ.	pavillon, drapeau.
	paï kouäing.	être absent.
	kouäie.	boîter.

17

	kaïne.	clairon, tous les instruments à vent.
—	kaïme.	près de.
	kaipe.	étroit.
	kaïo.	ferme de maison.
	kaïng.	particule de l'impératif.
	kaïo.	mâcher.
	kême.	salé.
	kêng.	toujours.
	kā.	cangue.
—	kā.	prix, marchandise.
	kaïlle.	le pêcher, le letchi.
—	—	se quereller.
	quôi.	mêler, mélanger.
	quoïnne yang.	opium.
	quoïnne oúte.	tabac à fumer.
	kôille.	particule du futur.

	kòng.	gong.
	kŏng.	attendre.
	kic hãïlle nung.	un soulier.
	kŏ.	cou.
	koc'mà.	écurie.
	kiéne.	accuser.
	kŭmc.	froid violent.
—	kŭne.	nuit.
	kamme.	après midi, soir.
	kãmme.	l'aigle.
—	kãmme.	l'or.
—	kàmme.	soutenir, étayer.
	kãnne.	démanger.
—	kànne.	masser.
	kãmme kŏu.	talus.

fôme.	cheveux.
fônc.	pleuvoir.
faeu.	quèlqu'un, qui ?
fueung.	cire.
fáipe.	permission, politesse.
faio.	balayer.
faine.	bande, troupe, troupeau.
fáille.	étoffe.
faille.	côté.
fa.	couvercle.
fa hueüne.	cloison.
fa mū.	paume de la main.
fá sia.	détruire.
fá.	fendre.

	fâte.	distribuer.
	fâc.	envoyer (quelque chose).
	fâo sa.	pétard.
	foua.	mari.
	fone.	chaux.
	fome.	maigre.
	fitte sia.	se tromper.
	fing fâï.	se chauffer.
	mâc fi.	furoncle.
	tò fi.	le démon.
	fâck.	légume.
	fâck kâte hiâc.	laitue.
	fâng.	enterrer.
	fiêne kaing.	tour de garde.
	fune.	nom générique des objets tressés ou tissés: nattes, habits, etc...
	fou	individu.
	fou liêou.	seul.

ſou tchãille.   un homme.

ſou báo.   un garçon (adulte).

ſou gnĭng.   une femme.

ſou såo.   une jeune fille.

ſou hạeu.   protéger.

ſoŭc.   attacher.

ſòte.   bouillir.

ſãi.   feu.

ſueŭng kháppe.   acteur.

ſueŭng.   paille.

ſeŭne.   partie.

ſueùng hueŭne.   vérandah.

ſueŭng.   vers.

ſueŭng naĭe.   ananas.

fā.	couverture.
fā.	le ciel.
fate.	punir.
fāne.	daim.
fack.	couver.
fāng.	entendre.
fānne.	trancher du sabre.

gnúa.	viande, chair.
ġhaï.	en colère.
gnaću.	grand.
gnẹne.	accepter.
gnène.	renard.
gnạ.	herbe.
gní gnụa.	ordures.

gneŭ. — grâce à.

gnã. — ne... pas (défense).

gnãng. — marcher.

gnipe. — coudre.

gnĭng. — viser.

gnãng. — encore (de reste).

gnō khụne. — lever.

gniate só. — enfoncer dans.

gnamme. — écraser.

gnoŭ. — balai.

gnoŭng. — moustique.

	húa óc.	suer.
	húa.	promettre.
	háô.	aboyer.
	haô.	pou de corps.
	hôme.	couvrir.
	hône.	reculer.
	hôk.	six.
	haï.	jarre.
	haï.	pleurer.
	hạeu.	donner, à, pour.
	heung.	longtemps.
	heung mïa.	jaloux.
	hạing.	basses (eaux).

18

	hêne.	voir.
	mác hêpe.	grèle.
	hác.	autre, de soi-même.
	hák.	casser (bâton).
	hác va.	cependant.
	hác paï.	se séparer.
	hạ.	cinq.
	ha.	chercher.
	há tchaeu.	respirer.
	hao.	bailler.
	hanc.	brave.
	hápe.	porter, charge d'un homme.
	hạnc.	chinois.
	háne.	oie.
	hang.	queue.
	háte nàmme.	un rapide.

	houa.	tête.
	houa.	rire.
	houóne.	abaisser.
	home boúa.	oignon.
	home kípe.	ail.
	hoille.	coquillage.
	hoille.	pendre.
	hoille mã.	cravache.
	mác híng.	clochette.
	hing hoille.	luciole.
	hing home.	armoire.
	hine sộme.	alun (pierre acide).
	hó.	envelopper, paquet.
	hịa.	verser.
	hiáng.	incliné.
	hu.	usé.
	háppe.	fermer.

	hou.	oreille, anse.
	hoŭne.	image.

	hꭒă.	bateau.
	haŏ.	nous.
	huate.	punaise.
	haŭille dŏng.	s'assembler.
	haï.	rizière de montagne.
	hueŭne.	maison.
	hueŭne kho.	magasin.
	haïng.	vivre, fort, robuste, fortement.
	hac.	vomir.
	hâne.	étage.
	hàille.	laid, mal, mauvais, nuisible.
	hăille.	souliers.

	hac.	racine.
	hăng.	rang.
	hoùa.	haie, palissade.
	hote.	arriver, jusqu'à.
	hõme.	boîte.
—	hòne.	chaud.
	hòille.	cent, picul.
—	hòille.	indice.
	hòng.	crier, appeler.
	hõng nàmme.	ruisseau, fossé.
	hĭ.	long.
	hĭme.	bord.
	hite.	fête.
	hack.	aimer.
	hăng.	nid.
—	hăng.	riche.
	hõ.	commun.

	hiac.	appeler, que.
	hia.	bambou femelle.
	hū.	alors.
	hū va.	ou bien.
	hămme.	du son.
	hoŭng.	clair, brillant.
	hoù.	connaître.
	hoŭ.	trou.

	khạô.	riz.
	khạô kăc.	paddy.
	khạô sane.	riz cru.
	khạô soúck.	riz cuit.
	khạô tộme.	pain de riz.
	khạô lĭ.	maïs.

	khaô.	corne.
	khạô.	entrer.
	khôme.	amer.
	khône.	poil.
	khôpe.	mordre.
	khô.	sec.
	khaï.	ouvrir.
	khaï ôte.	déboucher.
	khaéu.	séché
	khoine.	hache.
	faïlle khoi.	à droite.
	khaine.	bras.
	khaine só.	coude.
	kháic.	crier.
	khạio.	dent.
	khaing.	dur.
	khoaine.	suspendre.

	khême.	aiguille.
	kha.	cuisse, jambe.
	khaille.	vendre.
	khouồng.	cour.
	khoua.	pont.
	khong.	à, appartenir à.
	khong leụil.	cadeaux.
	khôille.	de, hors de.
—	khọille.	moi (de l'inférieur au supérieur).
	khôte.	mot.
	khị mà.	monter à cheval.
	khing.	gingembre.
—	khing.	mépriser.
	kho.	crochet.
—	khó.	pauvre.
	khó mo.	malheureux.
	khiête.	crapaud.

	khiác loua.	fendre du bois.
	khú.	poutre.
	khųne.	monter.
	kháppe.	chanter.
	khámme.	tenir.
	khąnne.	près de.
	khąnne laï.	échelon.
	khanne mône.	mouchoir, serviette.
	khou.	métier.
	khoúte.	creuser.
	khoune.	fossé, fumier malsain, trouble.
	khànne khâng.	préparer.
	khãï nãï.	maintenant.

19

	lặô.	vin, boisson fermentée.
	lô.	percer.
	lông.	forêt.
	lôme.	sentir.
	lôck.	moulin, noria.
	laï.	échelle.
	lại.	recevoir, pouvoir.
	laï.	couler.
	lại yŏne.	remercier.
	lueute.	sang.
	lueune.	ver.
	lueung.	jaune.
	laie.	assiette.
	laing.	rouge.
	laing baô.	brun.
	laine dine.	limite territoriale.

	lêck.	fer.
	lêch nòille.	petit enfant.
	lêmme maï.	fil.
	kă lêpe.	panier.
	la.	tard, la fin.
—	lá.	injurier.
	lápe.	sabre.
	lác.	étonnant.
	lao.	étoile.
	dang sŭ.	en train de.
	dang li.	bien, à propos.
	laille	beaucoup, plusieurs.
—	laille.	fil de soie.
	laille kaille.	trop.
	loua.	bêche.
	loua.	bois à brûler.
	louong.	nom générique des objets ronds.

	lóte.	bobine.
	lóne.	blanc.
	lone sãjlle.	banc de sable.
	lóng.	geler.
	lọille.	maigre.
	li.	bon, bien, tranquille.
	li tueúng.	maire.
	liêou.	le même.
	líte.	sauter.
	líng.	soldat.
	lịne.	jouer, s'amuser.
	dine.	terre.
	dine niêou.	terre glaise.
	láck.	loin, fin, intelligent.
	lăng.	après, derrière.
	lăng.	nez.
	lăng.	tonnerre.

läng mã.   ensuite.

läng fãï.   allumer du feu.

lo.   s'inquiéter.

do.   mesurer.

liêng.   petite balance.

lúck.   tard dans la nuit.

láppe.   éteindre.

lạmme.   manche.

lamme.   noir.

lámme.   plonger.

lou.   regarder, surveiller, commander.

loúk.   chambre.

loúc.   os.

lua.   scie.

	laô.	de nouveau.
	lôck.	filtrer.
	lôme.	tomber.
	lŏme.	vent.
	lŏne.	poste.
	lŏne laô.	désordre.
	lŏng.	descendre.
	lŏng.	cercueil.
	lāi.	se prosterner.
	leupe.	à temps.
	leupe.	piège.
	leuck.	profond.
	leung leung.	constamment, ordinairement.
	duĕung káte.	sucre en poudre.
	laïo.	déjà, fini.
	laïc.	changer.
	laine.	courir.

	lãine.	perroquet.
	dãine.	lampe.
	daing.	pointe, clou.
	lêpe.	ongle.
	lã.	vide.
	lac.	tirer, traîner.
	lane.	pierre.
	lang.	arec.
	louã.	soie.
	Louõng.	dragon.
	louõng.	nom générique des dimensions.
	loč.	petit flacon.
	loïlle.	nager.
	doïlle.	demander, faire appeler.
	lioũ.	citron.
	lioũ soúac.	cartouche.
	line.	langue.

	kine lack.	voler, dérober.
	liä.	lécher.
	liêne.	de suite.
	liêng.	nourrir.
	lûme.	oublier.
	lune.	plus.
	lappe.	cacher.
	louc.	enfant de.
	louc lane.	descendants (fils, neveux).
	mône.	bleu.
	môk sia.	moisir.
	maï.	brûler.
	maéu.	neuf, nouveau, encore, de nouveau.

nuéil.	fatigué.
mueil.	brouillard, rosée
maípe lîne.	tirer la langue.
mète.	fini, tout.
mène lỗng.	appuyer sur.
ma.	chien.
ma.	épais.
na̦.	figure, devant.
na̦ haïlle.	avoir honte.
nao.	froid.
mác.	fruit, boule, nom générique des objets en forme de boule.
mác ka tchạ.	glace.
mou̧a.	danser.
nouȏk..	sourd.
nouȏte.	barbe.
nóne.	jeune, tendre, souple.
mone.	oreiller.

	nong.	étang.
	mi.	ours.
—	mí.	vinaigre.
	níc.	s'écarter.
	năng.	peau, écorce.
	náck.	lourd.
	mọ.	marmite.
—	móc.	nuage.
—	nó.	pousse de bambou.
	nieou.	crépon.
	niạng.	rouillé.
	nung.	remuer.
	manne kaine.	solide.
	manne tchaîne.	pièce de monnaie, piastre.
	mou.	cochon.
—	nou.	rat.
	mou lõng.	sanglier.

	muã.	temps, époque.
	muã laeu.	quand, à quelle époque?
	muã laille.	autrefois.
	muã kappe.	dépendre de.
	nôpé (1).	verser (l'impôt).
	nôk.	oiseau.
	môte.	fourmi.
	mõne.	rond.
	mãï.	arbre, bois de construction.
	mài taô.	bâton.
	mài toù.	pieu.
	mài saô.	colonne.
	mãï tchia.	cure-dent.

____

(1) Apporter quelque chose ou amener quelqu'un à un supérieur.

	faílle naểu.	au delà.
	neữ.	dette.
	muểung.(1).	commune.
	meững touệil.	souhaiter une bonne année.
	meữil.	inviter.
	maie.	mère, femelle.
	maie di.	prostituée.
	maie mỗng.	pilon à riz.
	maïo.	chat.
—	—	Maio, montagnard
—	naïo.	uriner.
	maine.	devoir, il faut.
	maïng ngouãne.	mouche.
	maïng sápe.	cancrelat.
	nẽ.	n'est-ce pas ! hein !
	mẽne	puce.
	mã.	venir.

(1) Voir la notice pages 9 et 10.

	mà.	cheval.
	nã.	rizière de plaine.
	nã.	oncle.
	mac.	nom générique des instru-ments en fer tranchants ou piquants.
	nãne.	lentement.
	nang.	s'asseoir.
	nang yóng.	s'accroupir.
	moũa.	saison.
	moũa hàie.	l'Eté.
	moũa dông.	l'Hiver.
	moũa mạ.	tombe.
	mouone.	agréable.
	mouang.	mangue.
	mote.	pou de bois.
	nõne.	se coucher, dormir.
	nõne láppe.	dormir.
	nõne fanne.	rêver.

	koc mòne.	le mûrier.
	tô mòne.	le ver à soie.
	nõng.	déborder.
—	nòng.	frère cadet.
—	mõng.	filet.
—	mõng.	mortier à riz.
	nòille.	petit, peu.
	nì.	celui-ci.
—	mĩ.	avoir.
	mĩ taüille.	être coupable.
	mĩ foúck.	être heureux.
	niòu.	doigt.
	mite.	grain.
—	mìte.	couteau.
	mìte thái.	rasoir.
	miõo.	petite pagode.
	maïte.	gerbe.

	mǎng.	prune.
	noc.	dehors, hors de.
	mĭa.	femme, épouse;
	miéne tchueüṅg.	déménager.
	mù.	jour.
	mù nĭ.	aujourd'hui.
	mù ngoĭ.	hier.
	mù pouc.	demain.
	mù hŭ.	après-demain.
	mù kine tchiêṅg.	le jour de l'an.
	meuck.	encre.
	mute.	obscur.
	mŭng.	toi, tu.
	nung.	un.
	nappe.	charger (une arme).
	—	compter.
	nàmme.	eau, cours d'eau, nom générique des liquidés.

	nàmme kòpe.	confluent.
nàmme yăo.	huile.
nàmme nŏme.	lait.
nàmme òille.	miel.
mănne.	il, lui.
nànne.	celui-là.
nanne.	bruit.
mănne ngò.	patate.
mănne taï.	pomme de terre.
moŭng.	couvrir (une maison).
noung.	s'habiller.
ngi.	douter.
ngóc khune.	croître.
ngámme.	penser à.

ngaò.	ombre.
ngeûne.	argent.
ngãie.	mandarine.
nga.	branche.
ngaille.	facile.
ngoûa.	bœuf.
ngîne.	entendre.
ngôû	serpent.

aò	prendre.
aò khune.	élever.

	aô koúi.	lever l'impôt.
	aô mác.	récolter des fruits.
	ô	parapluie.
	ôte.	boucher, bouchon.
	ông.	fusil.
	oine.	innocent.
	eúk.	poitrine.
	eúte.	piment.
	ueune fône.	la pluie cesse.
	áie.	vouloir.
	áie laï.	désirer.
	áie nône.	avoir sommeil.
	áipe.	apprendre, étudier.
	ê laille.	beaucoup beaucoup.
	maie a.	tante.
	ápe.	sé baigner.
	ák.	méchant.

	pó ao.	oncle (cadet du père).
	ane mà.	selle de cheval.
	áng.	cuvette.
	aille.	odeur, sentir.
	aille home.	sentir bon.
	aille boúte.	sentir mauvais.
	aille mine.	sentir le pourri.
	aille.	père.
	aille ta.	grand-père.
	aille thao.	vieillard.
	aille yã.	hé! (exclamation d'étonnement).
	õúeil.	sale.
	óne.	mou, tendre.
	ome.	grand pot.
	koc oille.	canne à sucre.
	ine lou.	aimer quelqu'un.
	ing.	s'appuyer.

21.

	óc.	sortir.
	óc louc.	accoucher.
	óc mã.	naître.
	óc mác.	avoir la petite vérole.
	iéou.	faible, indisposé.
	iêne.	paisible.
	iang.	merle parleur.
	úne.	à l'avenir.
	une.	humide.
	anne.	chose.
	anne ni.	ceci.
	anne nànne.	cela.
	oúc.	mamelle.
	oúne.	chauffer, tiède.
—	oune.	porter sur un plateau.

	ĕme.	mère (terme de respèct).
	ĕme nâil.	grand'mère maternelle.
	ĕme ya.	grand'mère paternelle.
	ĕme pạ.	tante (aînée du père).
	ĕme thạô.	vieille femme.
	u.	oui (du supérieur à l'inférieur).
	pảô.	souffler, vide.
	pạô.	bisaïeul.
	paï.	aller, marcher, partir.
	paï kã.	faire du commerce.
	paï kaille.	passer à travers.
	paï lịne.	aller se promener.

paï quôi.	aller se promener.
paï thi.	passer l'examen.
peûpe.	goutte.
pueung.	dépenser.
páic.	ressembler, comme.
páic kanne.	semblables.
páite.	huit.
paing laô.	réparer.
pê.	porter sur son dos.
pête.	canard.
pête nâmme.	canard sauvage.
pêne.	devenir, être atteint de.
pêne kâc.	avoir des dartres.
— kaeu.	enfler.
— hîte.	avoir des boutons.
— mãô.	s'évanouir.
— puéit.	avoir une plaie.

	pêne saï.	avoir la fièvre.
	— sŭ.	pourquoi ?
	pa.	forêt.
	pa.	poisson.
	pâc.	parler.
	—	nom générique des portes et fenêtres.
	paille.	bout, pointe.
	pane.	lame.
	poua.	roi.
	pouong.	nom générique des clayonnages.
	póng kang.	intervalle.
	póille.	délivrer.
	pi.	année.
	pi.	flûte taï.
	pic.	aile.
	pick.	tourner (changer de direction).
	pite souille.	pousser.

	píne.	tourner (quelque chose).
	píng.	sangsue d'eau.
	patte.	saisir.
	păng.	payer, rendre.
	póc.	anneau.
	póc saie.	roue de voiture.
	piène kanne.	changer ensemble.
	piàng paine.	planche.
	pamme lŏng.	renverser, abattre.
	panne.	distribuer.
	panne óc.	partager.
	panne nàmme só.	irriguer.
	pou.	crabe.
	poú.	grand père paternel.
	poúc.	planter, repiquer, nommer à un grade.
	poúck tûne.	réveiller.
	poume.	ventre.

	puã.	commencer.
	puã paï.	partir.
	pône.	cracher.
	põng.	boue.
	pông.	barre d'argent.
	païe.	radeau.
	païe saeu.	propre.
	pã.	porter sur soi.
	paò.	coco.
	pãne.	plateau, table.
	pouône.	ennuyé.
	pï.	gras, graisse.
	pi.	aîné.

22.

	pi aille.	frère aîné.
	pi uœille.	sœur aînée.
	pi nòng.	frère, parent, ami, camarade.
	po.	père.
	pò.	rencontrer.
	po maie.	les parents (père et mère).
	piĕne.	simuler.
	piĕng.	égal, horizontal, plan.
	pŭ.	secouer.
	pŭng.	bande, troupe, troupeau.
	pappe.	nom générique des tomes de livres.
	pănne nung.	mille.
	pănne kaing.	guêtres.
	poŭ.	montagne.
	—	bétel.
	pouc.	pamplemousse.

	{ sua.	tigre.
	{ sua.	habit, chemise.
	sua khoute.	panthère.
	sâô.	on, les gens.
	saô.	tourterelle.
	sô.	nombre, registre.
	sôpe.	bouche.
	sôme	aigre.
	—	caille.
	sône tine.	talon.
	sôme tchaeu.	content.
	saéu.	contenir.
	seúck.	ennemi, pirate.

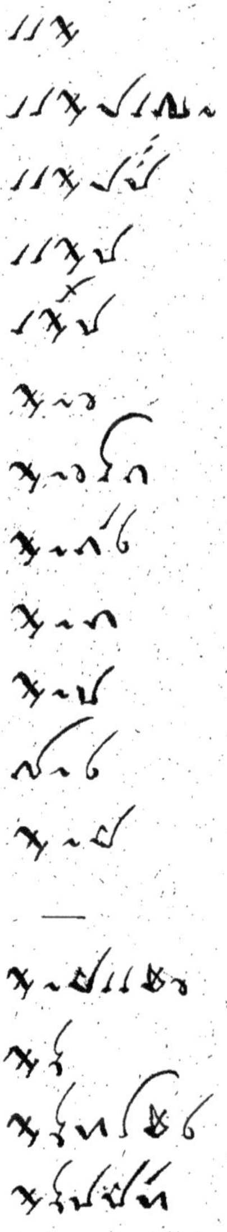

saie.	voiture.
sáipe khạô.	faim.
sáipe namme.	soif.
sáine.	tondre.
sêne.	faire ses dévotions.
sáo.	chercher.
sáo lại.	trouver.
sălăng.	dos.
sáte.	natte en rotin.
same.	trois.
sāng.	bambou mâle.
saille.	envoyer (quelqu'un).
—	corde.
saille aio.	ceinture.
soua.	perdre, être vaincu.
souác ông.	poudre à fusil.
souone fáck.	jardin potager.

	souǫng.	pantalon.
	souóille.	laver (un objet ou une partie du corps).
	song.	deux.
	sí.	quatre.
	sipe.	dix.
	sipe aíte.	onze.
	sióu.	ciseau à froid.
	sǫe.	jupon.
	sing.	soufre.
	sing sao.	araignée.
	sáck.	piquer.
	—	quelques.
	sáck tua.	quelquefois.
	so.	demander, supplier.
	só.	dans.
	só.	perdrix.
	siá.	porter sur le dos.

	sia (1).	perdu.
	siépe.	juger, examiner.
	sieô laô.	distiller de l'alcool.
	siêne.	petite pelle creuse.
	siêng.	son, bruit.
	su.	caractère, lettre, message.
	súpe.	joindre.
	súck.	ordonner.
	sáppe.	chasser, poursuivre.
	sánne.	trembler.
	sou.	se servir de.
	soúck.	mûr, cuit.
	soung.	haut, élevé.

---

(1) Employé comme particule après tous les verbes qui indiquent une perte, un dommage, etc.

	sāï ya.	médecin.
	sueŭng.	manière, si.
	sueŭng káŏ.	entier, intact.
	sueŭng l'aeu.	comment ?
	seù.	ouvrier.
	seù lêk.	forgeron.
	saŏ.	vingt.
	sãïlle.	sable.
	sàille.	gauche.
	sĩ nì.	ainsi.
	sack.	laver du linge.
	sũ.	alors.
	—	droit, raide.

	sù.	acheter.
	mū sūne.	avant-hier.
	soū.	parapluie de mandarin.
	soūme.	s'assembler.
	soūme khọille.	nous.
	soūme bạ.	vous autres.

	tạô.	boule.
	tâô.	tortue.
	tâô lĭa.	rabot.
	tô.	corps, nom générique des animaux.
	tô săng.	quoi? quelque chose.
	tôck.	perdre.
	tôck mà.	tomber de cheval.
	tộme.	faire bouillir.

	táï.	passer (un pont).
—	taï.	allumer (une lampe).
	taọu.	sous, au dessous.
	táie.	de, depuis.
	táic.	casser (un objet).
	tạime.	écrire, peindre.
—	tạine.	abeille.
	tạing.	nourrir.
	tẽ kị.	tout à l'heure.
	tême.	plein.
—	tême.	court.
	ta.	œil.
	ta bóte.	aveugle.
	ta vẽne.	le soleil.
	ta vẽne óc.	lever du soleil.
	ta vẽne tŏck.	coucher du soleil.
	táo mã.	revenir.

23

	tác.	faire sécher.
	táng.	fenêtre.
	taille.	mourir.
	tóne.	morceau.
—	tọne.	aller à la rencontre de.
	tọne sia.	empêcher.
	kăï tóne.	chapon.
	tong.	feuille de bananier.
	tóille tou.	frapper à la porte.
	tine.	pied.
—	—	croire, nouvelle.
	tine teung mà.	étrier.
	ting.	compter.
	táck.	puiser.
	tátte.	couper.
	tăng.	chaise.

	tăng kòk.	commencer.
	tó lại.	gagner au jeu.
	tó tòk.	perdre au jeu.
	tó tchaîne.	jouer de l'argent.
	tiác.	regretter.
	túne.	veiller.
	túne yune.	se réveiller.
	túpe.	brousse, verdoyant.
	táppe.	foie.
	támme.	bas.
	—	tisser.
	tou.	porte.
	toúte.	trompe chinoise.
	toúck.	battre, combattre.
	toúck pàie.	vaincre.

23.

	tuā.	fois.
	taô.	cendre.
	tăô hote.	jusqu'à.
	tŏ.	raconter une histoire.
	tông.	plaine.
	tăi.	thŏ, taï (1).
	teupe.	exercer.
	tàie.	vrai, vraiment (2).
	tàie fueúng.	franc, honnête.
	taïo.	s'échapper, s'enfuir.
	taio só nămme..	plonger dans l'eau.
	taïne.	ajouter.
	tĕng.	pendant, tout.

(1) Le mot THŎ est le mot annamite qui désigne la race TAÏ. Suivant les régions, au Tonkin, elle est désignée par l'un ou l'autre de ces deux mots.
(2) Se place très souvent à la fin des phrases.

	yoú têng.	au dessus.
	ta.	appontement.
	tă.	frotter, frictionner.
	tă.	picul.
	tac.	mesurer.
	—	sangsue de terre.
	tăme.	prier (en parlant du sorcier).
	tăng.	chemin, direction.
	tăng nă.	en avant.
	tăng lăng.	en arrière.
	tăille tăie.	parce que.
	touône line.	paquet de torches.
	tông.	cuivre.
	tòng.	ventre.
	tŏille.	suivre, avec.
	—	crime.
	tŏille kanne.	ensemble.

tack. | saluer (en parlant des femmes).

to laeu. | combien?

to nì. | autant que ça.

tū. | porter (comme coiffure, chaussure ou bijou).

— | retrancher.

tappe. | battre, frapper.

tamme. | piler.

tout. | assez, complet.

toung quôinne. | pipe à eau.

thuác. | règle, mètre.

thôme. | combler.

thông. | sac.

thauille. | assez, cesser.

tháï. | labourer, charrue.

	theúck.	mâle.
	Thaine.	Dieu.
	thạ.	attendre.
	tháo.	démonter.
	thác.	tailler.
	thame.	demander, interroger.
	tháne.	charbon.
	thang.	débroussailler.
	thoúa.	haricot.
	thoụeil.	bol.
	paï thóme.	faire une ronde.
	thóng.	moitié, demi.
	thí.	avare.
	thíou.	siffler.
	thịme.	jeter, lancer.
	thiéou.	manquer.
	thiêng.	hutte, masure.

thiêng khị.　　　cabinets, latrines.

thiêng nã.　　　hutte de rizière.

thúc.　　　falloir, devoir, être atteint de.

thúc dãne.　　　être blessé d'une balle.

thạmme.　　　repaire de bête féroce.

paï thoú.　　　se soumettre.

thóuc.　　　essuyer.

—　　　bon marché.

thãing.　　　fort, rempart.

thoŭng.　　　seau.

tchạô.　　　maître.

	tchâô.	crabier.
	tchŏk.	gratter.
	tchaeu.	cœur.
	tchaeu lông.	instruit.
	tchaeu tanne.	inintelligent.
	tchaëu nõne.	avoir sommeil.
	tchâie.	coin.
	tcháine.	tasse.
	tchêpe.	mal, malade.
	tchête.	sept.
	tchâo.	lance.
	tchâle.	bécassine.
	tchaille.	bouteille.
	tchouông.	cloche.
	tchome.	sommet, faîte.
	tchi ao.	presque.

tchípe.	plier.
tchíc.	déchirer.
tcháck.	savoir.
tcháck khêpe.	cent-pieds.
tchǎng.	seulement, commencer à.
—	chaque.
tchóc.	moineau.
tchía	papier.
tchiêng.	jour de l'an.
tchú.	se souvenir.
tchúng.	témoin.
tcháppe.	adhérer à, attendre, percher sur.
tchamme.	près de.
tchoúpe.	sucer, téter.
tchoung.	conduire.

tchuac.	corde.
tchuac khôpe.	bride.
tchâô.	le matin.
tchaŏ.	pièce d'étoffe.
tchôpe.	moment.
tchôk.	mortier à riz.
tchôme.	embrasser.
tchaèu.	envoyer quelqu'un.
tchéu.	marché.
tchéu.	heure.
tchéu laèu.	quand?
tchuêung.	affaires, ustensiles.
tcheung.	entre.

	tcheŭng kanne.	vis à vis.
	tchaïe.	thé.
	tchaie.	plonger quelque chose dans l'eau.
	tchaipe.	bon à manger.
	tchà.	sot.
	tchãne.	ramper.
	tchàne.	paresseux.
	tchang.	adroit, habile.
	tchãng.	haïr.
	tchàng.	éléphant.
	tchàille.	incliné.
	—	après-midi.
	tchŏme.	dès que.
	tchŏnc.	se glisser dans,
	tchòng.	vigoureux.
	tchoille.	aider, protéger.
	tchŭille.	mirador.

	tchi.	indiquer, désigner.
	tchi fāï.	foyer.
	tchiòu.	subir, souffrir, avouer.
	tchăng nàmme.	barrer l'eau pour pêcher.
	tchièle.	se repentir.
	tchiêng.	respectueusement.
	tchu.	devoir, falloir, oui, c'est juste, si (conditionnel).
—	tchù.	nom.
—	—	garder.
	tchù mŏ.	faire attention.
	tchŭne.	plomb.
	tchŏmme.	toucher.
	tchanne.	beau.
—	tchãnne.	escarpé.
—	tchànne.	fois.
	tchoupe.	tremper.

	yaô.	cachet, signe.
	yêne.	frais.
	yêne päï.	le peuple.
	yá.	prix.
	ya.	remède.
	yaó.	deuil.
	yàc.	disette.
	yame.	emprisonner.
	—	visitèr, aller voir.
	yáme.	oser.
	yane.	tromper.
	yạne.	avoir peur.
	vàng.	pas, marcher.

	yóng.	espèce, comme.
	yăng mŏng.	tendre un filet.
	yo.	mouton.
	yóc.	caresser.
	paï yo.	faire une patrouille.
	yume.	louer, emprunter.
	yune.	debout.
	yune tao.	s'arrêter.
	yánne.	moustiquaire.
	you.	rester, être, à.
	you maéu.	rester encore.
	— li.	rester tranquille
	— hanne.	là, voilà.
	— ni.	ici.
	— hao.	vigoureux, fort.
	— pueil.	nu.
	— nua.	sur.
	— taeu.	sous.

yête.	faire.
— laô.	refaire, recommencer.
— gnúa.	tuer (un bétail).
— là yête lôme.	faire des sottises.
lack yête.	faire des signaux.
— paie sia.	déranger.
— sụ.	essayer.
— tang.	remplacer.
yaô.	yao (race mane).
yac.	oui (respectueux).
—	difficile.
yõne.	être utile à.
lại yõne.	rendre grâces, merci.
yăng.	se reposer.

FIN

ERRATA

1ʳᵉ, 2ᵉ et 3ᵉ parties

Page 1, ligne 24 : *au lieu de* notable *lire* noble
— 2, — 1 : — gardais — gardai
— 3, — 1 : — cassés — cassées
— 3, — 6 : — apprende — apprendre
— 4, — 17 : — rames — rame
— 5, — 35 : — volaille — volailles
— 5, — 40 : — ouattées — ouatées.
— 7, — 23 : — vient — vint.
— 7, — 40 : — tchaô óng — tchaô oúy
— 8, — 18 : *après* grand seigneur *ajouter* le thô laille celui de ÁNE GNÃ, seigneur
— 9, — 22 : *au lieu de* véritable *lire* véritables
— 11, — 15 : *après* quelquefois *ajouter* en route
— 13, — 6 : *au lieu de* Saine Laie *lire* Sàme Láie
— 14, — 12 : — haộ — kaộ
— 14, — 14 : — saine — same
— 14, — 42 : *entre* seune *et* kamme *placer une virgule*.
— 15, — 31 : *au lieu de* sort *lire* sorte
— 21, — 30 : — vennent — viennent
— 22, — 31 : — dans — danse
— 23, — 38 : — maïo — maïs
— 23, — 39 : — maïo — maio
— 24, — 13 : — fermes — formes
— 27, — 4 : — le — les
— 27, — 9 : — patalons — pantalons
— 28, — 7 : — gnnane — gnane
— 29, — 25 : — tchù — tchu
— 30, — 32 : — uœil — uœil
— 33, — 7 : — tchù — tchu
— 34, — 3 : — dᵒ — dᵒ
— 34, — 10 : — dᵒ — dᵒ
— 43, — 18 : — dᵒ — dᵒ
— 35, — 25 : — laile — laille
— 36, — 6 : — cops — coqs
— 37, — 23 : — tchù — tchu
— 38, — 23 : — soúme — soúne
— 38, — 24 : — sàng — sãng
— 38, — 29 : — dᵒ — dᵒ
— 40, — 5 : — kone — kone

Page 42, ligne 3 : *au lieu de* sáng   *lire* săng
— 42, — 10 :   —   theŭ   — tcheŭ
— 43, — 26 :   —   30   — 13
— 44, — 5 :   —   tchù   — tchu.
— 44. — 22 :   —   conjontifs   — conjonctifs.
— 46, — 32 :   —   uœil   — uọeil
— 47, — 32 :   —   tchope   — tchôpe
— 49, — 34 :   —   uoeil   — uọeil
— 49, — 24 :   —   tchù   — tchu
— 49, — 31 :   —   dº   — dº
— 49, — 34 :   —   dº   — dº
— 50, — 4 :   —   dº   — dº
— 51, — 12 :   —   nănne   — nành
— 52, — 13 :   —   yóu Vanc Bóu — yóu Bạne Bóu
— 52, — 17 :   —   tchù   — tchu
— 52, — 23 :   —   dº   — dº
— 56, — 35 :   —   áo   — aô
— 60, — 6 :   —   vănne   — vánne
— 61, — 1 :   —   tchù   — tchu
— 62, — 4 :   —   dº   — dº
— 62, — 16 :   —   dº   — dº
— 63, — 7 :   —   khoi   — khói
— 63, — 9 :   —   dº   — dº
— 63, — 16 :   —   sáng   — săng
— 65, — 27 :   —   si   — sí
— 66, — 6 :   —   tchù   — tchu.
— 66, — 11 :   —   moille   — móille.
— 66, — 35 :   —   tàne Vạnc Iĕne — tànc Bạne Iêne
— 66, — 35 :   —   tchù   — tchu
— 67, — 10 :   —   tùne   — túne
— 67, — 20 :   —   di   — li
— 67, — 26 :   —   dº   — dº
— 67, — 38 :   —   dº   — dº
— 67, — 42 :   —   dº   — dº
— 68, — 8 :   —   vănne   — vánne
— 70, — 15 :   —   lang   — hang
Tableau des tos — 12 :   —   lo lang   — lo hang
—   —   —   lŏ lang   — lŏ hang.
Tableau des mails : *supprimer la note* (3).
Page 71, ligne 3 : *au lieu de* 47   *lire* 48
— 75, — 1 :   —   lo lang   — lo hang.
— 75, — 1 :   —   lŏ lang   — lŏ hang.
— 79, — 18 : *supprimer les mots* tô yo *et* ct.
— 79, — 18 : *au lieu de* correspondent *lire* correspond.
— 83, — 6 :   —   khô   — kô.
  84, — 7 :   —   souáuille   — souóille.
— 86, — 4 :   —   Hoanne   — Vanne.

4ᵉ et 5ᵉ parties

Page 6, ligne 7 : *au lieu de* tchàil *lire* tchàille
— 8, — 8 : — fàil — fàille
— 17, — 5 : — *du* mail kang — *le* mail kaie
— 19, — 1 : — faille — fàille
— 20, — 5 : — hiéou — háio
— 20, — 5 : *dans les caractères au lieu du* mail kia *lire le* mail kaie.
— 20, *supprimer la note* (1).
— 25, ligne 5 : *au lieu de* hồille *lire* haũille
— 25, — 9 : — tồng — tòng
— 27, — 6 : — tōng — tòng
— 28, — 12 : — tồille — taũille
— 28, *note* (2) — tồille — tauille
— 40, ligne 5 : — lêck — lêck
— 45, — 6 : — tchù — tchu
— 45, — 6 : *dans les caractères supprimer le* tồ ko
— 46, — 2 : — *au lieu de* tồ to *lire* tồ.tồ
Page 48, ligne 8 : *au lieu de* lêk *lire* lêck
— 48, — 9 : — id — id
— 50, — 4 : — lêck — lêck
— 52, — 10 : — kkune — khune
— 54, — 5 : — ãille — áille
— 56, — 1 : *au-dessus de la première ligne placer* :
— ì *le* tồ õ *surmonté du* mail kị
— 56, — 9 : *au lieu de* thiá *lire* thề
— 60, — 9 : — tchù — tchu
— 61, — 4 : — khouãme — quoĩme
— 61, — 5 : — dᵒ — dᵒ
— 61, — 7 : *dans les caractères au lieu de* tồ kho *lire* tồ lồ
— 66, — 1 : *au lieu de* mauang *lire* mouang
— 66, — 5 : — toúck — touck
— 85, — 4 : — sack — sáck
— 87, — 7 : — tồille — tãuille
— 92, — 2 : — lang — dang
— 92, — 11 et 12 : — nâmme — nàmme
— 95, — 3 : — mìte thaï — mìte thái
— 97, — 7 : — pang — păng
— 99, — 8 : — ane — anne
— 105, — 10 : — uęil — uęeil
— 116, — 1 : *ajouter le mot* ou *avant le dernier caractère*
— 120, — 8 : *au lieu de* láck *lire* lack
— 123, — 14 : *ajouter une virgule après* laisser
— 139, — 10 : *au lieu de* hìng *lire* hìng
— 143, — 11 : — khoi — khói

Page 147, ligne 1 : *au lieu de* lêck   *lire* lêck
 — 147, —   2 :   —   lêch   — lêck
 — 149, — 14 :   —   ua...cie   — lüa...scie
 — 153, —   5 :   —   mail keu   — maille kê
                              (*C'est le premier caractère*)
 — 158, — 15 : *au lieu de* thái   *lire* thaï
 — 182, —   8 :   —   touc   — touk
 — 182, — 14 :   —   thaï   — thái